Curso
MAD360

*La diferencia entre aprobar
y sacar plaza*

AF212312

Cuerpo Auxiliar

COMUNIDAD AUTÓNOMA DE CASTILLA Y LEÓN

Si aún no dispones de tu **Curso MAD360**, te ofrecemos un acceso GRATIS de 30 días para que disfrutes de los siguientes recursos:

- Técnicas de Memoria 360.
- MADTEST: Test *online* Nivel PRO.
- Temario en formato digital.
- Vídeos.
- Esquemas.
- Planificación de estudio.
- Foro entre opositores hasta la fecha del examen.*
- Recursos y novedades exclusivas.
- Consúltanos sobre tu oposición y proceso selectivo.
- Actualizaciones legislativas (Boletines Oficiales) hasta 60 días antes de la fecha del examen.ˣ

Para acceder a esta prueba del Curso MAD360** será necesaria la compra de todos los libros para esta especialidad de la edición 2026.

Regístrate en **mad.es/iniciar-sesion** y en la pestaña MIS CURSOS valida los códigos que encuentras en la última página de tus libros.

NOTA IMPORTANTE:

* Examen de esta categoría profesional correspondiente a la convocatoria publicada en el BOCYL núm. 7, de 13 de enero de 2026, o hasta el 31 de marzo de 2027, lo que se cumpla antes, y previa renovación del servicio.

** El acceso al CURSO MAD360 estará disponible desde marzo de 2026 (algunos recursos podrían estar disponibles en fecha posterior). Tendrá una duración de 30 días RENOVABLES mediante pago, desde la validación de códigos, o hasta el 30 de septiembre de 2027, lo que se cumpla antes.

MAD se reserva el derecho a ampliar dichas fechas.

Cuerpo Auxiliar
de la Administración
de la Comunidad Autónoma
de Castilla y León

Marzo 2026

Cuerpo Auxiliar de la Administración de la Comunidad Autónoma de Castilla y León

Test y supuestos prácticos

Autores

ROBERTO SALAMANCA CRIADO
Licenciado en Derecho

JOSÉ ANTONIO GUERRERO ARROYO
Cuerpo Superior de Letrados

PATRICIA PÉREZ SÁNCHEZ-ROMATE
Licenciada en Derecho

CARLOS TOJEIRO ALCALÁ
Ingeniero Informático
Titulado MCP de Microsoft

SERGIO JIMENO MOLINS
Ingeniero Superior en Telecomunicaciones
Profesor de Educación Secundaria Obligatoria y Bachillerato

LIDIA PONCE MARTÍNEZ
Licenciada en Psicología

© 7 Editores Recursos para la Cualificación Profesional y el Empleo, S.L. (7 Editores)
© Los autores
Primera edición, marzo 2026 (178 páginas)
Derechos de edición reservados a favor de 7 Editores
IMPRESO EN ESPAÑA
Diseño Portada: 7 Editores
Edita: 7 Editores
Avda. San Francisco Javier, 9 · Edificio Sevilla 2 · Planta 11 · Módulos 25-27 · 41018 Sevilla
Teléfono: 954 784 411 · WEB: www.mad.es · e-mail: administracion@7editores.com
ISBN: 979-13-702-8560-9
© "Editorial Mad" y "Eduforma" son nombres comerciales registrados de
7 Editores Recursos para la Cualificación Profesional y el Empleo, S.L.
Queda rigurosamente prohibida la reproducción total o parcial de esta obra por cualquier medio
o procedimiento sin la autorización por escrito del editor.

Índice

GRUPO I. Organización Política y Administrativa

GRUPO II. Competencias

SUPUESTOS PRÁCTICOS DE OFIMÁTICA

TEST

Organización Política y Administrativa

TEST N.º 1

La Constitución Española

1. ¿En qué se fundamenta la Constitución Española?

a) En un Estado social y democrático de Derecho.
b) En la indisoluble unidad de la Nación española.
c) En la independencia de los poderes del Estado.
d) En la organización territorial del Estado.

2. Según el artículo 3 de la CE, el castellano es la lengua oficial del Estado y todos los Españoles:

a) Tienen el deber de usar y el derecho de conocer el castellano.
b) Tienen el derecho y el deber de conocer el castellano.
c) Tienen el deber de conocer y el derecho de usar el castellano.
d) Tienen el derecho de conocer y usar el castellano.

3. La Constitución Española reconoce y garantiza el derecho a la autonomía:

a) De las nacionalidades que la integran.
b) De las regiones que la integran.
c) De las Comunidades Autónomas que la integran.
d) De las nacionalidades y regiones que la integran.

4. El Preámbulo de la Constitución:

a) Tiene en sí carácter de norma jurídica.
b) Es una declaración de intenciones, destinada a interpretar lo que se quiere alcanzar con el contenido normativo de la Constitución.
c) Se trata de un texto sin fuerza jurídica de obligar.
d) Las respuestas b) y c) son correctas.

5. Señala la afirmación correcta, respecto de la aprobación, ratificación y publicación de la Constitución Española:

a) Aprobada por las Cortes el 31 de octubre de 1978, ratificada por el pueblo en referéndum el 6 de diciembre de 1978 y publicada el 29 de diciembre de 1978.
b) Aprobada por las Cortes el 30 de octubre de 1978, ratificada por el pueblo en referéndum el 16 de diciembre de 1978 y publicada el 27 de diciembre de 1978.

c) Aprobada por las Cortes el 31 de octubre de 1978, ratificada por el pueblo en referéndum el 16 de diciembre de 1978 y publicada el 29 de diciembre de 1978.

d) Aprobada por las Cortes el 10 de octubre de 1978, ratificada por el pueblo en referéndum el 26 de diciembre de 1978 y publicada el 30 de diciembre de 1978.

6. ¿En qué parte de la Carta Magna se establece la exposición de motivos que impulsan la norma constitucional y los objetivos que con ella se pretenden alcanzar?

a) En el Título Preliminar.
b) En el Preámbulo.
c) En el Título I.
d) En el Título II.

7. La Constitución Española fue sancionada por:

a) El Rey.
b) El Presidente del Congreso.
c) Las Cortes Generales.
d) El Presidente del Gobierno.

8. ¿Cuáles de los siguientes españoles de origen pueden ser privados de su nacionalidad?

a) Exclusivamente los miembros de grupos terroristas.
b) Los miembros de grupos terroristas y los que atenten contra el Rey u otro miembro de la Casa Real.
c) Los que atenten contra un miembro de la Familia Real o del Gobierno de la Nación.
d) Ningún español de origen podrá ser privado de su nacionalidad.

9. Según la CE son fundamentos del orden político y la paz social:

a) La dignidad de la persona, los derechos violables que les son inherentes y el respeto a la ley.
b) La dignidad de la persona, el desarrollo limitado de la personalidad y el respeto a la ley.
c) El respeto a la ley, a los reglamentos administrativos y demás disposiciones legales.
d) La dignidad de la persona, los derechos inviolables que le son inherentes, el libre desarrollo de su personalidad, el respeto a la ley y a los derechos de los demás.

10. ¿Cuál de los siguientes es considerado por la CE como uno de los valores superiores del ordenamiento jurídico?

a) La jerarquía normativa.
b) El pluralismo político.
c) La publicidad normativa.
d) La equidad.

11. La forma política del Estado español es:

a) Democracia parlamentaria.
b) Gobierno parlamentario.
c) Monarquía parlamentaria.
d) República democrática.

12. La parte de la CE que regula la estructura de los principales órganos del Estado recibe el nombre de:

a) Parte dogmática.
b) Parte orgánica.
c) Parte estatal.
d) Parte estructural.

13. Según la CE, la soberanía nacional:

a) Corresponde a las Cortes Generales, al estar compuestas por los representantes del pueblo.
b) Corresponde al Rey.
c) Reside en el pueblo español.
d) Corresponde al Gobierno de la Nación elegido directamente por el pueblo.

14. El derecho a la propiedad en nuestra Constitución es un Derecho:

a) Inherente a la condición humana.
b) Absoluto.
c) Limitado por la función social de la misma.
d) Ninguna de las respuestas anteriores es correcta.

15. ¿En qué parte de la Carta Magna se señalan los valores superiores del ordenamiento jurídico?

a) En el Preámbulo.
b) En el Título Preliminar.
c) En el Título I.
d) Ninguna respuesta es correcta.

En MADTEST tienes **más preguntas de este tema**, y todos tus avances quedan registrados y se reflejan en el ranking.

¡Supera tus límites con MADTEST!

Solución al test n.º 1

1. b) En la indisoluble unidad de la Nación española.

2. c) Tienen el deber de conocer y el derecho de usar el castellano.

3. d) De las nacionalidades y regiones que la integran.

4. d) Las respuestas b) y c) son correctas.

5. a) Aprobada por las Cortes el 31 de octubre de 1978, ratificada por el pueblo en referéndum el 6 de diciembre de 1978 y publicada el 29 de diciembre de 1978.

6. b) En el Preámbulo.

7. a) El Rey.

8. d) Ningún español de origen podrá ser privado de su nacionalidad.

9. d) La dignidad de la persona, los derechos inviolables que le son inherentes, el libre desarrollo de su personalidad, el respeto a la ley y a los derechos de los demás.

10. b) El pluralismo político.

11. c) Monarquía parlamentaria.

12. b) Parte orgánica.

13. c) Reside en el pueblo español.

14. c) Limitado por la función social de la misma.

15. b) En el Título Preliminar.

La Administración General del Estado: regulación y estructura

1. ¿Qué rango ostentan los Delegados del Gobierno en las Comunidades Autónomas?

a) Subdirector General.
b) Subsecretario General.
c) Secretario de Estado.
d) Subsecretario.

2. Los Secretarios Generales Técnicos tienen categoría de:

a) Subsecretario.
b) Director General.
c) Secretario de Estado.
d) Jefe de Servicio.

3. El nombramiento de los Delegados del Gobierno en las Comunidades Autónomas es competencia del:

a) Parlamento Autonómico.
b) Presidente del Gobierno.
c) Consejo de Gobierno.
d) Consejo de Ministros.

4. El Jefe Superior de un Departamento Ministerial, después del Ministro, en el supuesto de que no exista un Secretario de Estado, es el:

a) Director General.
b) Subsecretario.
c) Secretario General.
d) Secretario General Técnico.

5. ¿Quién nombra a los Subdelegados del Gobierno?

a) El Delegado del Gobierno.
b) El Ministro para la Transformación Digital y de la Función Pública.
c) El Consejo de Ministros.
d) El Presidente del Gobierno.

6. ¿Qué rango ostentan los Subdelegados del Gobierno?

a) Subdirector General.
b) Secretario General.
c) Secretario General Técnico.
d) Subsecretario.

7. Indica cuál de las siguientes no es una de las competencias de los Secretarios de Estado:

a) Nombrar y separar a los Subdirectores Generales de la Secretaría de Estado.
b) Autorizar las comisiones de servicio con derecho a indemnización por cuantía exacta para los altos cargos dependientes de la Secretaría de Estado.
c) Conceder subvenciones y ayudas con cargo a los créditos de gasto propios de la Secretaría de Estado, con los límites establecidos por el titular del Departamento.
d) Desempeñar la jefatura superior de todo el personal del Departamento.

8. Una vez declarado el estado de excepción no se puede suspender el derecho/ libertad de:

a) Huelga.
b) Enseñanza.
c) Adopción de medidas de conflicto colectivo.
d) Libertad de circulación.

9. Indica cuál de los siguientes no es un órgano directivo de la Administración General del Estado:

a) Los Secretarios Generales Técnicos.
b) Los Secretarios Generales.
c) Los Secretarios de Estado.
d) Los Subsecretarios.

10. Según el artículo 140 de la Ley 40/2015, de 1 de octubre, de Régimen Jurídico del Sector Público, cuando así lo prevé la Constitución y el resto del ordenamiento jurídico, una Administración Pública y, singularmente, la Administración General del Estado, tiene la obligación, para la consecución de un resultado común, de:

a) Garantizar que las distintas Administraciones Públicas puedan relacionarse a través de medios electrónicos.
b) Garantizar la coherencia de las actuaciones de las diferentes Administraciones Públicas afectadas por una misma materia.
c) Evaluar periódicamente la efectividad del principio de eficacia.
d) Participar en órganos consultivos de otras Administraciones Públicas.

11. La mecanización e informatización de los trabajos burocráticos es un exponente del principio de:

a) Legalidad.
b) Eficacia.
c) Descentralización.
d) Jerarquía.

12. La dirección de los órganos inferiores, por parte de los superiores, se suele llevar a efecto a través de:

a) Instrucciones y órdenes de servicio.
b) La resolución de los conflictos entre los mismos.
c) La delegación de competencias entre ellos.
d) Todo lo anterior.

13. Como consecuencia de la delegación de competencias, estas:

a) Se transfieren a órganos superiores.
b) Se ejercen por órganos inferiores, manteniéndose la titularidad de las mismas en el órgano delegante.
c) Dejan de pertenecer a la esfera jurídica del órgano delegante.
d) El órgano al que se delegan puede fiscalizar la actividad del órgano delegante.

14. La revocación de una delegación de competencias:

a) Está prohibida con carácter general.
b) Solo se admite en caso de insuficiencia técnica del órgano al que se han delegado.
c) Puede producirse en cualquier momento.
d) Ha de efectuarse tras sentencia judicial al efecto.

15. Normalmente, la revocación de los actos de los inferiores por el superior jerárquico puede producirse tras la interposición del siguiente recurso o reclamación:

a) De alzada.
b) De revisión.
c) Contencioso-administrativo.
d) Cualquiera de los anteriores.

Solución al test n.º 2

1. d) Subsecretario.

2. b) Director General.

3. d) Consejo de Ministros.

4. b) Subsecretario.

5. a) El Delegado del Gobierno.

6. a) Subdirector General.

7. d) Desempeñar la jefatura superior de todo el personal del Departamento.

8. b) Enseñanza.

9. c) Los Secretarios de Estado.

10. b) Garantizar la coherencia de las actuaciones de las diferentes Administraciones Públicas afectadas por una misma materia.

11. b) Eficacia.

12. a) Instrucciones y órdenes de servicio.

13. b) Se ejercen por órganos inferiores, manteniéndose la titularidad de las mismas en el órgano delegante.

14. c) Puede producirse en cualquier momento.

15. a) De alzada.

TEST N.º 3

La Administración Local: la provincia, el municipio y otras entidades. La organización territorial de la Comunidad Autónoma de Castilla y León

1. El artículo 137 de la Constitución Española dispone:

a) El Estado se organiza territorialmente en Municipios, en Provincias y en las Comunidades Autónomas que se constituyan.
b) El Estado se organiza territorialmente en Municipios, en Provincias e Islas.
c) El Estado se organiza territorialmente en Municipios, en Provincias y en Comarcas.
d) El Estado se organiza territorialmente en Municipios, en Provincias y en Concejos.

2. De acuerdo con el artículo 141 de la Constitución Española:

a) El gobierno y la administración autónoma de las provincias estarán encomendados a las Diputaciones u otras Corporaciones de carácter representativo.
b) El gobierno y la administración autónoma de las provincias estarán encomendados al Pleno de la Diputación Provincial.
c) El gobierno y la administración autónoma de las provincias estarán encomendados a la Junta de Gobierno de la Diputación Provincial.
d) El gobierno y la administración autónoma de las Provincias estarán encomendados a las Corporaciones de carácter representativo.

3. Uno de los principios fundamentales en relación con el Régimen Local que recoge la Constitución Española es:

a) La autonomía de las Corporaciones Locales en la gestión de sus intereses.
b) El carácter democrático y representativo de sus órganos de gobierno.
c) La suficiencia de las Haciendas Locales.
d) Todas las respuestas anteriores son correctas.

4. ¿Es posible crear agrupaciones de Municipios diferentes de la Provincia?

a) No.
b) En algunos casos.

c) Solo si lo decide el Presidente del Gobierno.
d) Sí.

5. De conformidad con el artículo 140 de la Constitución Española, los concejales serán elegidos por sufragio:

a) Universal por parte de los ciudadanos del municipio.
b) Universal, igual, libre, e indirecto.
c) Universal, igual, libre, directo y secreto.
d) Universal, igual, libre, directo y secreto, en la forma establecida en la ley.

6. Según el artículo 103.1 de la Constitución Española, la Administración Pública sirve con objetividad los intereses generales y actúa de acuerdo con los principios de:

a) Eficacia, jerarquía, descentralización, desconcentración y suficiencia financiera.
b) Descentralización, desconcentración, altruismo y eficacia.
c) Eficacia, jerarquía, descentralización, desconcentración y coordinación.
d) Eficacia, jerarquía, descentralización, desconcentración y gratuidad.

7. El Texto Refundido de la Ley Reguladora de las Haciendas Locales fue aprobado por:

a) Real Decreto Legislativo 2/2014, de 5 de marzo.
b) Real Decreto Legislativo 2/1994, de 5 de marzo.
c) Real Decreto Legislativo 2/2004, de 5 de marzo.
d) Real Decreto Legislativo 2/2004, de 5 de abril.

8. Las elecciones locales se encuentran reguladas en:

a) El Reglamento de Servicios de las Corporaciones Locales, de 17 de junio de 1955.
b) El Texto Refundido de la Ley Reguladora de las Haciendas Locales.
c) La Ley Orgánica 5/1985, de 19 de junio, del Régimen Electoral General.
d) La Ley Orgánica Electoral de 2 de abril de 1986.

9. Según la Constitución española:

a) En los Archipiélagos, las Islas tendrán además su administración propia en forma de Cabildos o Consejos.
b) El gobierno y la administración autónoma de las Provincias estarán encomendados a los Ayuntamientos.
c) La Provincia es circunscripción electoral para la elección de Diputados y Senadores.
d) Las respuestas a) y c) son correctas.

10. El territorio de la Nación española se divide en:

a) 40 Provincias.
b) 54 Provincias.
c) 60 Provincias.
d) 50 Provincias.

11. Son fines propios y específicos de la Provincia:

a) Asegurar la prestación integral y adecuada en la totalidad del territorio provincial de los servicios de competencia regional.
b) Participar en la coordinación de la Comunidad Autónoma y el Estado.
c) Garantizar los principios de solidaridad y equilibrio intermunicipales.
d) Asegurar la prestación integral y adecuada en la totalidad del territorio municipal de los servicios públicos.

12. El Presidente de la Diputación deberá jurar o prometer el cargo ante el Pleno de la misma:

a) Ante la Subdelegación del Gobierno.
b) Ante la Delegación del Gobierno.s
c) Ante el Pleno de la misma.
d) Ante el Consejo de Diputaciones.

13. El mandato del Presidente de la Diputación será:

a) Por cinco años, pero puede ser destituido de su cargo mediante moción de censura o por la pérdida de una cuestión de confianza.
b) Por seis años, pero puede ser destituido de su cargo mediante moción de censura o por la pérdida de una cuestión de confianza.
c) Por cuatro años, pero puede ser destituido de su cargo mediante moción de censura o por la pérdida de una cuestión de confianza.
d) Por cuatro años, pero puede ser destituido de su cargo por votación de la mitad de los diputados provinciales.

14. No es una atribución del Presidente de la Diputación:

a) El planteamiento de conflictos de competencias a otras Entidades locales y demás Administraciones Públicas.
b) El ejercicio de las acciones judiciales y administrativas y la defensa de la Diputación en las materias de su competencia.
c) Representar a la Diputación.
d) Aprobar las bases de las pruebas para la selección del personal.

15. Corresponde al Presidente de la Diputación:

a) El ejercicio de las acciones judiciales y administrativas y la defensa en cualquier materia.
b) El despido del personal laboral.
c) La organización de la Diputación.
d) Ninguna respuesta es correcta.

En MADTEST tienes **más preguntas de este tema**, y todos tus avances quedan registrados y se reflejan en el ranking.

¡Supera tus límites con MADTEST!

Solución al test n.º 3

1. a) El Estado se organiza territorialmente en Municipios, en Provincias y en las Comunidades Autónomas que se constituyan.

2. a) El gobierno y la administración autónoma de las provincias estarán encomendados a las Diputaciones u otras Corporaciones de carácter representativo.

3. d) Todas las respuestas anteriores son correctas.

4. d) Sí.

5. d) Universal, igual, libre, directo y secreto, en la forma establecida en la ley.

6. c) Eficacia, jerarquía, descentralización, desconcentración y coordinación.

7. c) Real Decreto Legislativo 2/2004, de 5 de marzo.

8. c) La Ley Orgánica 5/1985, de 19 de junio, del Régimen Electoral General

9. d) Las respuestas a) y c) son correctas.

10. d) 50 Provincias.

11. c) Garantizar los principios de solidaridad y equilibrio intermunicipales.

12. c) Ante el Pleno de la misma.

13. c) Por cuatro años, pero puede ser destituido de su cargo mediante moción de censura o por la pérdida de una cuestión de confianza.

14. a) El planteamiento de conflictos de competencias a otras Entidades locales y demás Administraciones Públicas.

15. b) El despido del personal laboral.

TEST N.º 4

La Unión Europea. Las Instituciones Europeas: el Consejo Europeo, el Parlamento, la Comisión y el Tribunal de Justicia

1. El Tribunal de Justicia de la Unión Europea comprenderá:

a) El Tribunal de Justicia, el Tribunal General y los tribunales especializados.
b) El Tribunal de Justicia y el Tribunal General.
c) El Tribunal de Justicia, el Tribunal General, los tribunales especializados y el Tribunal de Primera Instancia.
d) El Tribunal de Justicia y los tribunales especializados.

2. ¿Cuál es el órgano ejecutivo de la Unión Europea?

a) El Consejo.
b) El Consejo Europeo.
c) La Comisión.
d) El Presidente de la Comisión.

3. Los miembros de la Comisión son nombrados por:

a) El Parlamento.
b) El Parlamento y el Consejo Europeo de forma conjunta.
c) El Consejo Europeo, por mayoría cualificada.
d) El Consejo, por mayoría cualificada.

4. Señala la respuesta verdadera:

a) El Parlamento Europeo y el Consejo estarán asistidos por un Comité Económico y Social y por un Comité de las Regiones que ejercerán funciones consultivas.
b) El Parlamento Europeo, el Consejo y la Comisión estarán asistidos por un Comité Económico y Social y por un Comité de las Regiones que ejercerán funciones consultivas.
c) El Parlamento Europeo, el Consejo, la Comisión y el Tribunal de Justicia estarán asistidos por un Comité Económico y Social y por un Comité de las Regiones que ejercerán funciones consultivas.
d) Todas las respuestas son falsas.

5. El Parlamento Europeo:

a) Estará compuesto por representantes de los ciudadanos de la Unión.
b) La representación de los ciudadanos será decrecientemente proporcional, con un mínimo de seis diputados por Estado miembro.
c) No se asignará a ningún Estado miembro más de noventa y seis escaños.
d) Todas las respuestas son verdaderas.

6. Los Diputados al Parlamento Europeo serán elegidos para un mandato de:

a) Cuatro años.
b) Seis años.
c) Cinco años.
d) Todas son falsas.

7. El presupuesto anual de la UE es decidido (aprobado):

a) Conjuntamente por el Consejo y el Parlamento, por un procedimiento especial.
b) Por el Parlamento.
c) Por la Comisión.
d) Por la Comisión y el Parlamento, por un procedimiento ordinario.

8. La Mesa del Parlamento tiene los siguientes Vicepresidentes:

a) 14.
b) 15.
c) 16.
d) 5.

9. La Comisión se designa para un periodo de:

a) 5 años.
b) 6 años.
c) 4 años.
d) El que determine el Parlamento.

10. La sede de la Comisión está en:

a) Estrasburgo.
b) Bruselas.
c) Luxemburgo.
d) París.

11. El mandato de los miembros de la Comisión será:

a) Renovable por una sola vez.
b) Renovable.

c) No será renovable.

d) Renovable cuando así lo determine el Parlamento.

12. Los acuerdos de la Comisión se adoptarán:

a) Por unanimidad.

b) Por mayoría cualificada.

c) Por 2/3 partes.

d) Por mayoría del número de miembros.

13. El Tribunal de Justicia de la Unión Europea tendrá su sede en:

a) Luxemburgo.

b) Bruselas.

c) Frankfurt.

d) La Haya.

14. El Presidente de la Comisión:

a) Definirá las orientaciones con arreglo a las cuales la Comisión desempeñará sus funciones.

b) Determinará la organización interna de la Comisión velando por la coherencia, eficacia y colegialidad de su actuación.

c) Nombrará Vicepresidentes, distintos del Alto Representante de la Unión para Asuntos Exteriores y Política de Seguridad, de entre los miembros de la Comisión.

d) Todas las respuestas son verdaderas.

15. Respecto a las elecciones al Parlamento Europeo, en España se ha optado porque:

a) La circunscripción electoral sea única para todo el territorio nacional.

b) La circunscripción electoral sea por Comunidades Autónomas.

c) La circunscripción electoral sea por provincias.

d) Todas las respuestas son falsas.

En MADTEST tienes **más preguntas de este tema**, y todos tus avances quedan registrados y se reflejan en el ranking.

¡Supera tus límites con MADTEST!

Solución al test n.º 4

1. a) El Tribunal de Justicia, el Tribunal General y los tribunales especializados.

2. c) La Comisión.

3. c) El Consejo Europeo, por mayoría cualificada.

4. b) El Parlamento Europeo, el Consejo y la Comisión estarán asistidos por un Comité Económico y Social y por un Comité de las Regiones que ejercerán funciones consultivas.

5. d) Todas las respuestas son verdaderas.

6. c) Cinco años.

7. a) Conjuntamente por el Consejo y el Parlamento, por un procedimiento especial.

8 a) 14.

9. a) 5 años.

10. b) Bruselas.

11. b) Renovable.

12. d) Por mayoría del número de miembros.

13. a) Luxemburgo.

14. d) Todas las respuestas son verdaderas.

15. a) La circunscripción electoral sea única para todo el territorio nacional.

TEST N.º 5

El Estatuto de Autonomía de Castilla y León

1. El Estatuto de Autonomía de Castilla y León se aprobó por:

a) La LO 4/1985.
b) La LO 4/1983.
c) La LO 5/1983.
d) La LO 5/1985.

2. El número de artículos del Estatuto es:

a) 50.
b) 91.
c) 43.
d) 51.

3. Los derechos y libertades de los ciudadanos de Castilla y León serán:

a) Los que se establezcan en Tratados Internacionales sobre Derechos Humanos ratificados por España.
b) Los que se establezcan en el Estatuto de Autonomía.
c) Los establecidos por la Constitución.
d) Todas son correctas.

4. El respeto a la lengua gallega:

a) Se recoge en la redacción inicial del Estatuto.
b) Se introdujo por la LO 4/99 de reforma del Estatuto.
c) No se recoge en el Estatuto de Castilla y León.
d) Se establecerá en una Ley.

5. Es un símbolo de la Comunidad Autónoma de Castilla y León:

a) El emblema o blasón.
b) El pendón.

c) El himno, que se establecerá mediante ley.
d) Todas son correctas.

6. La provincia de Segovia:

a) Forma parte desde el principio de la Comunidad Autónoma.
b) Cuenta con un régimen especial de autonomía.
c) No forma parte de la Comunidad de Castilla y León.
d) Se incorporó a la Comunidad Autónoma con la Ley Orgánica 5/1983.

7. Los miembros de las Cortes de Castilla y León se denominan:

a) Procuradores.
b) Diputados.
c) Parlamentarios.
d) Consejeros.

8. La circunscripción electoral en las elecciones a miembros de las Cortes de Castilla y León es:

a) El partido judicial.
b) La provincia.
c) El municipio.
d) Toda la Comunidad Autónoma.

9. El número mínimo de Procuradores que corresponde a cada circunscripción electoral es de:

a) 5.
b) 4.
c) 2.
d) 3.

10. No es un órgano de las Cortes:

a) La Mesa.
b) El Presidente de la Junta.
c) La Diputación Permanente.
d) El Presidente de las Cortes.

11. La convocatoria de sesiones extraordinarias puede hacerse:

a) Por el Presidente de las Cortes.
b) Por el Presidente de la Junta.
c) Por la Mesa de las Cortes.
d) Por el Procurador del Común.

12. La designación del Procurador del Común corresponde:

a) A la Junta.
b) Al Presidente de la Junta.
c) Al Presidente de las Cortes.
d) A las Cortes.

13. No es competencia de las Cortes de Castilla y León:

a) Ejercitar la potestad legislativa.
b) Ejercer el gobierno de la Comunidad.
c) Controlar la acción política y de gobierno de la Junta y de su Presidente.
d) Interponer recursos de inconstitucionalidad.

14. La entrada en vigor de las leyes de Castilla y León se rige:

a) Por la fecha de su aprobación por las Cortes.
b) Por la fecha de su publicación en el BOE.
c) Por la fecha de su aprobación en el Boletín Oficial de Castilla y León.
d) Por la fecha de su promulgación por el Presidente de las Cortes.

15. El nombramiento del Presidente de la Junta corresponde:

a) Al Presidente de las Cortes.
b) A las Cortes.
c) A los consejeros.
d) Al Rey.

En MADTEST tienes **más preguntas de este tema**, y todos tus avances quedan registrados y se reflejan en el ranking.

¡Supera tus límites con MADTEST!

Solución al test n.º 5

1. b) La LO 4/1983.

2. b) 91.

3. d) Todas son correctas.

4. b) Se introdujo por la LO 4/99 de reforma del Estatuto.

5. d) Todas son correctas.

6. d) Se incorporó a la Comunidad Autónoma con la Ley Orgánica 5/1983.

7. a) Procuradores.

8. b) La provincia.

9. d) 3.

10. b) El Presidente de la Junta.

11. a) Por el Presidente de las Cortes.

12. d) A las Cortes.

13. b) Ejercer el gobierno de la Comunidad.

14. c) Por la fecha de su publicación en el Boletín Oficial de Castilla y León.

15. d) Al Rey.

Las Cortes de Castilla y León

1. El Reglamento de las Cortes de Castilla y León es de fecha:

a) Ese reglamento no existe.
b) 24 de febrero de 1990.
c) 5 de marzo de 1990.
d) 24 de febrero de 1984.

2. La constitución de las Cortes será comunicada por su Presidente:

a) Al Rey.
b) Al Senado.
c) Al Gobierno.
d) A todos los anteriores y además a la Junta, en funciones, de Castilla y León.

3. En la elección a las Cortes de Castilla y León, la circunscripción electoral es:

a) El Municipio.
b) La Provincia.
c) Toda la Comunidad Autónoma.
d) No existe la circunscripción electoral.

4. El supuesto de la disolución anticipada de la Cortes se contempla:

a) En la Ley electoral.
b) En el Reglamento de las Cortes, en exclusiva.
c) En el Estatuto de Autonomía.
d) En ninguna de esas normas.

5. Son derechos de los Procuradores:

a) Ostentar el tratamiento de ilustrísimos.
b) Asistir con voz y voto a las Comisiones, incluso si no forman parte de ellas.

c) Ser sustituidos ante ausencias, incluso no eventuales, por otro miembro de su Grupo.
d) Todas son falsas.

6. Son deberes de los Procuradores:

a) Asistir a las reuniones de las Comisiones de las que formen parte.
b) Abstenerse de hacer uso de su condición de parlamentario para actividades mercantiles.
c) Hacer declaración notarial de sus bienes.
d) Todas son ciertas.

7. La Mesa de las Cortes de Castilla y León se compone de:

a) Presidente, dos Vicepresidentes y un Secretario.
b) Presidente, Vicepresidente y Secretario.
c) Presidente, dos Vicepresidentes y Secretario.
d) Presidente, dos Vicepresidentes y tres Secretarios.

8. ¿Quién fija el calendario de actividades del Pleno de las Cortes?

a) El mismo Pleno, reunido al efecto.
b) La Junta de Portavoces.
c) La Mesa.
d) El Presidente de la Cámara, oída la Diputación Permanente.

9. ¿Quién fija el orden del día de los Plenos?

a) El mismo Pleno, reunido al efecto.
b) La Junta de Portavoces.
c) La Mesa.
d) El Presidente de la Cámara, oída la Diputación Permanente.

10. ¿Quién ordena los pagos en las Cortes de Castilla y León?

a) El mismo Pleno, reunido al efecto.
b) La Junta de Portavoces.
c) La Mesa.
d) El Presidente.

11. Los Procuradores tendrán derecho a formar parte, al menos:

a) De una Comisión.
b) De dos Comisiones.
c) De todas las Comisiones que se constituyan.
d) Todas son falsas.

12. Es falsa la siguiente afirmación:

a) Ningún Procurador que sea miembro de la Junta de Castilla y León podrá serlo de la Diputación Permanente.

b) Será aplicable a las sesiones de la Diputación Permanente y a su funcionamiento lo establecido para el Pleno.

c) En período de vacaciones parlamentarias, la Diputación Permanente podrá solicitar la convocatoria de las Cortes, y el Presidente las convocará, si así lo acuerda la mayoría simple de sus miembros.

d) En la Diputación Permanente cada Grupo Parlamentario designará el número de Procuradores que le corresponda y otros tantos en concepto de suplentes.

13. La condición de Procurador no adscrito producirá los siguientes efectos:

a) Pérdida del puesto que el Procurador ocupaba en las Comisiones y, en su caso, en la Diputación Permanente representando a su Grupo de origen.

b) Remoción automática de los cargos electivos que tuviera en los órganos de la Cámara.

c) La Mesa de la Cámara asignará a cada uno de los Procuradores no adscritos los medios materiales que considere adecuados para el cumplimiento de sus funciones.

d) Todas son correctas.

14. Los miembros de la Junta de Castilla y León podrán asistir con voz a las Comisiones:

a) Siempre.

b) Salvo que las sesiones tengan carácter secreto.

c) Pueden asistir con voz y voto.

d) Todas son correctas.

15. Las Comisiones serán convocadas por su Presidente de acuerdo con el de las Cortes por iniciativa propia o a petición de dos Grupos Parlamentarios o del siguiente porcentaje de los miembros de la Comisión.

a) 1/5.

b) 2/3.

c) Mayoría simple.

d) Mayoría absoluta.

En MADTEST tienes **más preguntas de este tema**, y todos tus avances quedan registrados y se reflejan en el ranking.

¡Supera tus límites con MADTEST!

Solución al test n.º 6

1. b) 24 de febrero de 1990.

2. d) A todos los anteriores y además a la Junta, en funciones, de Castilla y León.

3. b) La Provincia.

4. c) En el Estatuto de Autonomía.

5. d) Todas son falsas.

6. d) Todas son ciertas.

7. d) Presidente, dos Vicepresidentes y tres Secretarios.

8. c) La Mesa.

9. b) La Junta de Portavoces.

10. d) El Presidente.

11. a) De una Comisión.

12. c) En período de vacaciones parlamentarias, la Diputación Permanente podrá solicitar la convocatoria de las Cortes, y el Presidente las convocará, si así lo acuerda la mayoría simple de sus miembros.

13. d) Todas son correctas

14. b) Salvo que las sesiones tengan carácter secreto.

15. a) 1/5.

Instituciones propias de la Comunidad de Castilla y León: Procurador del Común, Consejo Consultivo, Consejo de Cuentas y Consejo Económico y Social

1. El Procurador del Común:

a) Depende directamente de las Cortes de Castilla y León.
b) No está sujeto a mandato imperativo alguno.
c) Está asistido de un Adjunto.
d) Todas son ciertas.

2. El cargo de Procurador del Común de Castilla y León es incompatible con:

a) La afiliación o el ejercicio de funciones directivas o ejecutivas en los partidos políticos, sindicatos o asociaciones empresariales.
b) El ejercicio de la Carrera Judicial, pero no la Fiscal.
c) El ejercicio de funciones asesoras eventuales para Colegios Profesionales.
d) Ninguna es cierta.

3. Puede presentar una queja al Procurador del Común:

a) Un menor de edad.
b) Un preso durante el cumplimiento de su condena.
c) Un extranjero residente en Castilla y León.
d) Todas son ciertas.

4. El Procurador del Común es elegido por las Cortes de Castilla y León:

a) Para un período de cinco años.
b) Para un período de cuatro años.
c) Para un período de seis años.
d) Para un período de dos años.

5. No es correcta la siguiente afirmación relativa al Procurador del Común:

a) Solamente podrá ser reelegido para un segundo mandato.
b) Se relacionará con las Cortes Regionales mediante una Comisión constituida con esta finalidad.

c) Anualmente, presentará un informe a las Cortes sobre su actuación.

d) El Procurador del Común de Castilla y León cooperará con el Tribunal de Cuentas y coordinará con él sus funciones.

6. Podrá ser elegido Procurador del Común cualquier persona que reúna las siguientes condiciones:

a) Ser mayor de edad y estar en pleno uso de los derechos civiles y políticos.

b) Tener la nacionalidad española.

c) Gozar de la condición política de castellano-leonés.

d) La a) y la c) son correctas.

7. No es causa de cese del Procurador del Común:

a) El transcurso del tiempo para el que fue elegido.

b) La pérdida de la condición política de castellano-leonés.

c) La inhabilitación para el ejercicio de los derechos políticos declarada por resolución administrativa expresa.

d) La negligencia notoria en el cumplimiento de las obligaciones y deberes del cargo.

8. No podrán presentarse quejas ante el Procurador del común cuando, desde que el afectado tuvo conocimiento de la conducta o de los hechos susceptibles de motivar una queja, hubiere transcurrido el plazo de:

a) Dos meses.

b) Tres meses.

c) Un año.

d) No estará sometido a plazo alguno.

9. El inicio de las actuaciones, cuando se producen de oficio, estará sometido al siguiente plazo:

a) Dos meses.

b) Tres meses.

c) Un año.

d) No estará sometido a plazo alguno.

10. ¿Qué artículo del Estatuto de Autonomía se refiere al Consejo Consultivo?

a) El art. 33.

b) El art. 23.

c) El art. 43.

d) Todas son falsas.

11. La consulta al Consejo Consultivo será:

a) Siempre preceptiva.

b) Siempre facultativa.

c) Preceptiva cuando así se establezca en las leyes, y facultativa en los demás casos.
d) Preceptiva cuando así se establezca en el Estatuto, y facultativa en los demás casos.

12. El Consejo Consultivo está compuesto por Consejeros electivos y natos. El número de Consejeros electivos será:

a) Tres.
b) Cinco.
c) Cuatro.
d) Seis.

13. Los candidatos para Consejeros electivos se entenderán designados si alcanzan el voto favorable:

a) De la mayoría absoluta de la Cámara.
b) De la mayoría simple de la Cámara.
c) De los tres quintos de la Cámara en primera votación o de la mayoría absoluta en segunda votación, si fuere necesaria.
d) De los dos tercios de la Cámara en primera votación o de la mayoría absoluta en segunda votación, si fuere necesaria.

14. Los acuerdos del Consejo Consultivo se adoptarán:

a) Por mayoría simple de votos de los asistentes.
b) Por mayoría absoluta de votos de los asistentes.
c) Por mayoría simple de votos de sus miembros.
d) Por mayoría absoluta de votos de sus miembros.

15. La Ley reguladora del Consejo de Cuentas de Castilla y León es:

a) La Ley 2/2002, de 9 de abril.
b) La Ley 12/2002, de 9 de abril.
c) La Ley 9/2002, de 9 de abril.
d) La Ley 9/2002, de 2 de abril.

Solución al test n.º 7

1. d) Todas son ciertas.

2. a) La afiliación o el ejercicio de funciones directivas o ejecutivas en los partidos políticos, sindicatos o asociaciones empresariales.

3. d) Todas son ciertas.

4. b) Para un período de cuatro años.

5. d) El Procurador del Común de Castilla y León cooperará con el Tribunal de Cuentas y coordinará con él sus funciones.

6. d) La a) y la c) son correctas.

7. c) La inhabilitación para el ejercicio de los derechos políticos declarada por resolución administrativa expresa.

8. c) Un año.

9. d) No estará sometido a plazo alguno.

10. a) El art. 33.

11. c) Preceptiva cuando así se establezca en las leyes, y facultativa en los demás casos.

12. a) Tres.

13. c) De los tres quintos de la Cámara en primera votación o de la mayoría absoluta en segunda votación, si fuere necesaria.

14. b) Por mayoría absoluta de votos de los asistentes.

15. a) La Ley 2/2002, de 9 de abril.

El Gobierno de la Comunidad de Castilla y León: El Presidente de la Junta de Castilla y León, la Junta de Castilla y León y los Consejeros

1. El régimen jurídico del Gobierno y de la Administración de Castilla y León se recoge en:

a) La Ley 6/1990.
b) El Real Decreto Legislativo 1/1990.
c) El Real Decreto Legislativo 1/1988.
d) La Ley 3/2001.

2. La dirección de la Administración de la Comunidad corresponde a:

a) La Junta.
b) El Presidente de la Junta.
c) El Consejo titular de cada Consejería.
d) Todas son falsas.

3. No es una función de la Junta de Castilla y León:

a) Ejercer la iniciativa legislativa.
b) Aprobar normas legislativas.
c) Desempeñar la función ejecutiva.
d) Aprobar reglamentos.

4. No son miembros de la Junta:

a) Los Consejeros.
b) Los Directores Generales.
c) Los Vicepresidentes.
d) El Presidente.

5. El número de Vicepresidentes será de:

a) Uno.
b) Dos.

c) Uno o varios.
d) Ninguno.

6. La estructura orgánica de las Consejerías se determinará:

a) Por Ley.
b) Por la Junta.
c) Por cada Consejero.
d) Por la Consejería de Presidencia.

7. No es una atribución de la Junta de Castilla y León:

a) Aprobar los anteproyectos de ley.
b) Desarrollar sus propios presupuestos.
c) Resolver en vía administrativa.
d) Asumir las competencias transferidas.

8. La convocatoria del Consejo de Gobierno corresponde:

a) Al Secretario.
b) Al Presidente.
c) Al Vicepresidente.
d) A cualquiera de ellos.

9. Para que se considere válidamente constituida, se requiere que asistan:

a) Todos los Consejeros.
b) El Presidente y 2/3 de los Consejeros.
c) El Presidente a su sustituto, y al menos la mitad de los Consejeros.
d) El Presidente y los Vicepresidentes.

10. El secreto de las deliberaciones:

a) Solo alcanza al Presidente.
b) Obliga a todos los miembros del Consejo de Gobierno.
c) Las deliberaciones no son secretas.
d) Se da para los casos recogidos en una Ley.

11. Los acuerdos del Consejo de Gobierno:

a) Se publicarán en el Boletín Oficial de Castilla y León.
b) Constarán en Acta.
c) Se adoptarán por mayoría de 2/3 de los miembros presentes.
d) Todas son correctas.

12. En caso de ausencia del Secretario del Consejo de Gobierno, será sustituido:

a) Por el Vicepresidente.
b) Por el Consejero más joven.
c) Por el Consejero de más edad.
d) No puede ser sustituido.

13. Actualmente, el número de Vicepresidentes de la Junta de Castilla y León es de:

a) 1.
b) Ninguno.
c) 2.
d) 3.

14. El portavoz de la Junta:

a) Deberá ser su secretario.
b) Tiene que ser miembro de la Junta.
c) Puede no ser miembro de la Junta.
d) Lo nombrará el Vicepresidente 1.º

15. La preparación de las reuniones de la Junta corresponde:

a) Al Secretario de la Junta.
b) A la Comisión de Secretarios Generales de las Consejerías.
c) A las Consejerías.
d) Al Portavoz.

En MADTEST tienes **más preguntas de este tema**, y todos tus avances quedan registrados y se reflejan en el ranking.

¡Supera tus límites con MADTEST!

Solución al test n.º 8

1. d) La Ley 3/2001.

2. a) La Junta.

3. b) Aprobar normas legislativas.

4. b) Los Directores Generales.

5. c) Uno o varios.

6. b) Por la Junta.

7. a) Aprobar los anteproyectos de ley.

8. b) Al Presidente.

9. c) El Presidente o su sustituto, y al menos la mitad de los Consejeros.

10. b) Obliga a todos los miembros de la Junta.

11. b) Constarán en Acta.

12. b) Por el Consejero más joven.

13. a) 1.

14. c) Puede no ser miembro de la Junta.

15. b) A la Comisión de Secretarios Generales de las Consejerías.

La Administración de la Comunidad de Castilla y León. Principios de organización y funcionamiento. Órganos Centrales y Periféricos

1. En sus relaciones con otras Administraciones la Administración de la Comunidad actúa de acuerdo con los principios de:

a) Agilidad en los procedimientos administrativos y en las actividades materiales de gestión.
b) Coordinación y cooperación, respeto pleno de sus competencias, subsidiariedad y ponderación de la totalidad de los intereses públicos implicados en sus decisiones.
c) Objetividad y transparencia en la actuación administrativa.
d) Simplicidad, claridad y proximidad.

2. En su funcionamiento la Administración de la Comunidad de Castilla y León se atiene a:

a) La eficacia en el cumplimiento de sus objetivos.
b) La eficiencia en el uso de los recursos.
c) La responsabilidad por la gestión, racionalización de sus procedimientos y actuaciones, y economía de los medios.
d) Todas son correctas.

3. La Administración General de la Comunidad Autónoma actúa para el cumplimiento de sus fines con personalidad jurídica única, bajo la dirección de:

a) El Presidente de la Junta de Castilla y León.
b) La Junta de Castilla y León.
c) Las Cortes de Castilla y León.
d) El gobierno de la nación.

4. De acuerdo con el Estatuto de Autonomía de Castilla y León, la Administración General de la Comunidad Autónoma, tiene en el ejercicio de sus competencias:

a) Las mismas potestades que la Administración del Estado.
b) Las mismas prerrogativas que la Administración del Estado.

c) Los mismos privilegios que la Administración del Estado.
d) Todas son correctas.

5. Tendrá carácter potestativo:

a) La existencia de Viceconsejerías.
b) La existencia de la Secretaría General.
c) El número de Viceconsejerías.
d) a y c son correctas.

6. Las competencias de los distintos órganos directivos centrales se determinarán:

a) Por la Ley.
b) Por los decretos de estructura orgánica.
c) Por las correspondientes órdenes de desarrollo.
d) Todas son falsas.

7. Por su parte, las funciones de los órganos y unidades administrativas en que se organicen los distintos órganos directivos centrales se determinarán:

a) Por la Ley.
b) Por los decretos de estructura orgánica.
c) Por las correspondientes órdenes de desarrollo.
d) Todas son falsas.

8. La jefatura superior de todo el personal de la Consejería es competencia de:

a) El Secretario General.
b) El Director General más antiguo en el desempeño de su cargo.
c) El Coordinador de Servicios.
d) El Delegado Territorial.

9. No es competencia del Secretario General:

a) Elaborar los programas de actuación específicos de cada Dirección General.
b) Elaborar el anteproyecto del presupuesto correspondiente a la Consejería y desarrollar el control presupuestario.
c) Informar y tramitar los anteproyectos de ley y proyectos de disposiciones administrativas de carácter general de la Consejería.
d) Informar los proyectos de disposiciones administrativas de carácter general de otras Consejerías.

10. No es una función de los directores generales:

a) Actuar como órgano de comunicación con las demás Consejerías.
b) Vigilar y fiscalizar las dependencias a su cargo.

c) Dirigir los servicios a su cargo.
d) Proponer resoluciones al consejero.

11. Cada Delegación Territorial se estructurará:

a) En una Secretaría Territorial.
b) En los Servicios Territoriales que sean necesarios para el desempeño de las correspondientes funciones.
c) En una Secretaría Territorial y en los Servicios Territoriales que sean necesarios para el desempeño de las correspondientes funciones.
d) En Servicios, Sección y Negociados.

12. La Secretaría Territorial dependerá orgánicamente:

a) De la Consejería que tenga atribuidas las funciones de gestión administrativa de las Delegaciones Territoriales.
b) Del Delegado Territorial.
c) De la Consejería de Presidencia.
d) De la Consejería de Industria, Comercio y Empleo.

13. La coordinación de la acción política de la Junta en la Provincia corresponde:

a) Al Delegado Territorial.
b) Al Consejero de la Presidencia.
c) A la propia la Junta.
d) A los Servicios Territoriales.

14. El número de Delegaciones Territoriales es:

a) 9, una en cada provincia.
b) 8, una por provincia, salvo en Valladolid.
c) Una por cada Consejería.
d) Su número es variable.

15. Las Delegaciones Territoriales se ubican:

a) En Valladolid.
b) En las capitales de provincia.
c) Donde se determine por Decreto.
d) En las poblaciones con mayor número de habitantes.

En MADTEST tienes **más preguntas de este tema**, y todos tus avances quedan registrados y se reflejan en el ranking.

¡Supera tus límites con MADTEST!

Solución al test n.º 9

1. b) Coordinación y cooperación, respeto pleno de sus competencias, subsidiariedad y ponderación de la totalidad de los intereses públicos implicados en sus decisiones.

2. d) Todas son correctas.

3. b) La Junta de Castilla y León.

4. d) Todas son correctas.

5. d) a y c son correctas.

6. b) Por los decretos de estructura orgánica.

7. c) Por las correspondientes órdenes de desarrollo.

8. a) El Secretario General.

9. a) Elaborar los programas de actuación específicos de cada Dirección General.

10. a) Actuar como órgano de comunicación con las demás Consejerías.

11. c) En una Secretaría Territorial y en los Servicios Territoriales que sean necesarios para el desempeño de las correspondientes funciones.

12. a) De la Consejería que tenga atribuidas las funciones de gestión administrativa de las Delegaciones Territoriales.

13. a) Al Delegado Territorial.

14. a) 9, una en cada provincia.

15. b) En las capitales de provincia.

El sector público de la Comunidad de Castilla y León. Administración Institucional y Empresas Públicas

1. El desarrollo de la administración institucional en España se produce debido:

a) A la convergencia con el ordenamiento jurídico europeo.
b) A la mayor cercanía de la administración al ciudadano.
c) Al proceso de descentralización funcional de la administración.
d) A la simplificación de los procedimientos administrativos.

2. En un sentido amplio, la administración institucional es aquel sector de la administración pública integrado por:

a) Entes públicos menores de carácter no territorial.
b) Entes públicos menores de carácter territorial.
c) Entes públicos menores de carácter social.
d) Entes públicos finalistas sin personalidad jurídica.

3. ¿Cuál de los siguientes no es un motivo que impulse la creación de entidades integrantes del sector público?

a) Garantizar las libertades sustrayendo a un grupo de servicios de la influencia directa del gobierno de turno.
b) La búsqueda de la eficacia en la gestión de ciertos servicios.
c) Proporcionar a la iniciativa privada una mayor participación pública.
d) Impulsar el desarrollo de servicios especializados.

4. ¿Cuál de las siguientes no forma parte del sector público institucional autonómico?

a) La Administración General de la Comunidad.
b) Las empresas públicas de la Comunidad.
c) Las fundaciones públicas de la Comunidad.
d) Los consorcios adscritos a la Comunidad.

5. ¿Quién ejerce el control interno de la gestión económico-financiera del sector público autonómico?

a) El Consejo de Cuentas.
b) La Consejería de Hacienda.
c) La Intervención General de la Administración de la Comunidad.
d) Las Cortes de Castilla y León.

6. Las entidades integrantes del sector público de la Comunidad deben rendir cuentas de sus respectivas operaciones, cualquiera que sea su naturaleza:

a) Al Consejo de Cuentas de Castilla y León.
b) Al Procurador del Común.
c) Al Tribunal de Cuentas.
d) Tanto al Consejo de Cuentas de Castilla y León como al Tribunal de Cuentas.

7. Las cuentas de las entidades integrantes del sector público de la Comunidad, están sometidas al control de:

a) La Consejería de Hacienda.
b) La Consejería de Presidencia.
c) El Tribunal Superior de Justicia de Castilla y León.
d) Las Cortes de Castilla y León.

8. La contabilidad de las entidades del sector público de la Comunidad tiene por objeto mostrar, a través de documentos, cuentas, estados e informes:

a) La imagen fiel del patrimonio de cada entidad.
b) La imagen fiel de la situación financiera y de la ejecución del presupuesto de cada entidad.
c) La imagen fiel del coste de los servicios y de los resultados de cada entidad.
d) Todas son correctas.

9. La contabilidad del sector público autonómico, debe permitir el cumplimiento, entre otros, de los siguientes fines:

a) Ser instrumento de negociación con las organizaciones sociales.
b) Facilitar información para la determinación del coste y, en su caso, rendimiento de los servicios.
c) La información a las organizaciones sindicales.
d) La reducción de plazos en la tramitación presupuestaria.

10. La creación de las entidades institucionales y empresas públicas se efectuará:

a) Por Resolución Administrativa.
b) Por Orden.

c) Por Decreto.
d) Por Ley.

11. Para la creación de entidades institucionales deberá acompañarse:

a) Un proyecto de presupuestos.
b) Una propuesta de estatutos.
c) El plan inicial de actuación de la entidad.
d) Todas son correctas.

12. ¿Quién aprueba el Plan Inicial de Actuación?

a) El titular de la Consejería a que esté adscrita la entidad.
b) El Patronato.
c) La Junta de Castilla y León.
d) El presidente de la entidad.

13. Antes de ser aprobado ¿Qué informes favorables necesita?

a) Ninguno.
b) El de las Consejerías competentes.
c) El de la Intervención General.
d) El de la Inspección General de Servicios.

14. Cuando las disposiciones sobre la extinción no regularen la liquidación de la entidad o empresa, ¿cómo se llevará a cabo la misma?

a) Por Decreto de la Junta de Castilla y León.
b) Por Ley de las Cortes de Castilla y León.
c) Por acuerdo del Patronato.
d) Por cancelación registral de la entidad o empresa.

15. Para llevar a cabo la liquidación se requiere propuesta de:

a) El Tesoro de la Comunidad Autónoma.
b) La Caja General de Depósitos.
c) De la Consejería de Hacienda y a iniciativa de la Consejería a que esté adscrita.
d) De la Intervención General.

En MADTEST tienes **más preguntas de este tema**, y todos tus avances quedan registrados y se reflejan en el ranking.

¡Supera tus límites con MADTEST!

Solución al test n.º 10

1. c) Al proceso de descentralización funcional de la administración.

2. a) Entes públicos menores de carácter no territorial.

3. c) Proporcionar a la iniciativa privada una mayor participación pública.

4. a) La Administración General de la Comunidad.

5. c) La Intervención General de la Administración de la Comunidad.

6. d) Tanto al Consejo de Cuentas de Castilla y León como al Tribunal de Cuentas.

7. d) Las Cortes de Castilla y León.

8. d) Todas son correctas.

9. b) Facilitar información para la determinación del coste y, en su caso, rendimiento de los servicios.

10. d) Por Ley.

11. d) Todas son correctas.

12. a) El titular de la Consejería a que esté adscrita la entidad.

13. b) El de las Consejerías competentes.

14. a) Por Decreto de la Junta de Castilla y León.

15. c) De la Consejería de Hacienda y a iniciativa de la Consejería a que esté adscrita.

Las fuentes del Derecho Administrativo: la jerarquía de las fuentes. La Constitución. La ley. Disposiciones normativas con fuerza de ley. El reglamento

1. Señala cuál de las siguientes es una fuente indirecta de nuestro Derecho Administrativo:

a) Los Reglamentos.
b) La Jurisprudencia.
c) Los Principios Generales del Derecho.
d) La Costumbre.

2. ¿Qué tipo de fuente del Derecho Administrativo son los Reglamentos del Presidente del Gobierno?

a) Directa.
b) Indirecta.
c) Directa subsidiaria.
d) No son fuente de nuestro Derecho Administrativo.

3. ¿A quién atribuye la Constitución Española la titularidad de la potestad legislativa?

a) Únicamente al Estado.
b) A las Cortes Generales exclusivamente.
c) Al Estado y las Comunidades Autónomas.
d) Al Estado, a las Comunidades Autónomas y a las Corporaciones Locales.

4. ¿A quién atribuye el art. 91 de la Carta Magna la potestad para ordenar la inmediata publicación de las Leyes aprobadas por las Cortes Generales?

a) Al Rey.
b) Al Presidente del Gobierno.
c) Al Presidente del Congreso de los Diputados.
d) Al Presidente de la Mesa de la Cámara Baja.

5. ¿Cómo se denominan las leyes por las que las Cortes Generales, en materia de competencia estatal, pueden atribuir a todas o a alguna de las Comunidades Autónomas la facultad de dictar, para sí mismas, normas legislativas en el marco de los principios, bases y directrices fijados por una Ley estatal?

a) Leyes orgánicas.
b) Leyes ordinarias.
c) Leyes marco.
d) Leyes de armonización.

6. ¿En qué plazo sancionará el Rey las Leyes aprobadas por las Cortes Generales?

a) Un mes.
b) Veinte días.
c) Quince días.
d) Diez días.

7. ¿Qué órgano de los siguientes promulga las leyes?

a) El Rey.
b) El Presidente del Gobierno.
c) Las Cortes Generales.
d) El Presidente del Congreso.

8. ¿Qué son los Decretos Legislativos?

a) Disposiciones del Gobierno sobre derechos y deberes fundamentales.
b) Disposiciones de las cortes que contienen delegación legislativa.
c) Disposiciones del Poder Judicial que contienen delegación legislativa.
d) Disposiciones del Gobierno que contienen legislación delegada.

9. En caso de extraordinaria y urgente necesidad el Gobierno podrá dictar disposiciones legislativas provisionales:

a) Decreto Legislativo.
b) Ley de Bases.
c) Ley Orgánica.
d) Decreto-Ley.

10. Los Decretos-Leyes deberán de ser inmediatamente sometidos a debate y votación de totalidad:

a) Al Senado.
b) Al Gobierno.
c) Al Congreso de los Diputados.
d) Todas las anteriores son correctas.

11. Cuando las Asambleas de las CC.AA. remitan a la Mesa del Congreso una proposición de ley, delegarán ante dicha cámara para su defensa:

a) Un máximo de 2 miembros de la Asamblea.
b) Un máximo de 3 miembros de la Asamblea.
c) Un máximo de 4 miembros de la Asamblea.
d) Un máximo de 5 miembros de la Asamblea.

12. ¿Qué tipo de ley regulará las formas de ejercicio y requisitos de la iniciativa popular para la presentación de las proposiciones de ley?

a) Una Ley de Bases.
b) Una Ley ordinaria
c) Una Ley Orgánica.
d) Todas son correctas.

13. En caso de iniciativa legislativa popular, el número de firmas necesarias será de:

a) 250.000 firmas acreditadas.
b) 500.000 firmas acreditadas.
c) 1.000.000 firmas acreditadas.
d) 1.250.000 firmas acreditadas.

14. No procederá la iniciativa legislativa popular en materias:

a) Propias de ley orgánica.
b) Tributarias o internacionales.
c) En lo relativo a la prerrogativa de gracia.
d) Todas las anteriores son correctas.

15. ¿De qué plazo dispone el Senado para, mediante mensaje motivado, oponer su veto o introducir enmiendas a un proyecto de ley ordinaria u orgánica?

a) Veinte días, a partir de día de la recepción del texto.
b) Un mes, a partir de día de la recepción del texto.
c) Dos meses, a partir de día de la recepción del texto.
d) Tres meses, a partir de día de la recepción del texto.

En MADTEST tienes **más preguntas de este tema**, y todos tus avances quedan registrados y se reflejan en el ranking.

¡Supera tus límites con MADTEST!

Solución al test n.º 11

1. b) La Jurisprudencia.

2. a) Directa.

3. c) Al Estado y las Comunidades Autónomas.

4. a) Al Rey.

5. c) Leyes marco.

6. c) Quince días.

7. a) El Rey.

8. d) Disposiciones del Gobierno que contienen legislación delegada.

9. d) Decreto-Ley.

10. c) Al Congreso de los Diputados.

11. b) Un máximo de 3 miembros de la Asamblea.

12. c) Una Ley Orgánica.

13. b) 500.000 firmas acreditadas.

14. d) Todas las anteriores son correctas.

15. c) Dos meses, a partir de día de la recepción del texto.

El acto administrativo: características generales. Requisitos. Validez y eficacia. Nulidad y anulabilidad. La revisión de los actos administrativos. Los recursos administrativos: Alzada, reposición y extraordinario de revisión

1. Si el acto fuera expreso, el plazo para la interposición del recurso de reposición será de:

a) Tres meses.
b) Diez días.
c) Quince días.
d) Un mes.

2. Los actos deben motivarse:

a) Siempre.
b) Nunca.
c) Cuando decidan un procedimiento.
d) Cuando la ley lo prescriba.

3. No tienen por qué motivarse los actos que:

a) Resuelvan recursos.
b) Limiten derechos subjetivos.
c) Se separen del dictamen de órganos consultivos.
d) Todos los anteriores deben motivarse.

4. En la notificación de todo acto administrativo no es necesario que conste siempre:

a) Su texto íntegro.
b) Los recursos que contra el mismo procedan.
c) Los motivos en que se basa la decisión.
d) El plazo de interposición de los recursos.

5. ¿En qué supuestos la notificación se hará por medio de un anuncio publicado en el Boletín Oficial del Estado?

a) Cuando se ignore el lugar de la notificación.
b) Cuando los interesados en un procedimiento sean conocidos.
c) Cuando intentada la notificación, no se hubiera podido practicar.
d) Las respuestas a) y c) son correctas.

6. Para que un acto tenga eficacia retroactiva es necesario que:

a) Limite derechos de los particulares.
b) Restrinja el ejercicio de facultades de los particulares.
c) Imponga deberes u obligaciones.
d) No se lesionen derechos de otras personas.

7. La presunción de legitimidad de los actos administrativos:

a) No admite prueba en contrario.
b) Dependerá de lo que el propio acto establezca.
c) Puede ser objeto de impugnación por el particular.
d) Solo se da cuando la ley expresamente lo diga.

8. Cuando la notificación se practique en el domicilio del interesado, de no hallarse presente, podrá hacerse cargo de la misma cualquier persona que se encuentre en el domicilio, haga constar su identidad y sea:

a) Mayor de catorce años.
b) Mayor de dieciséis años.
c) Mayor de dieciocho años.
d) Mayor de veintiún años.

9. Cuando el Delegado Provincial de una Consejería de una Comunidad Autónoma de una Provincia concreta resuelve un recurso administrativo en materia propia de la Delegación Provincial de otra Consejería de distinta Provincia, incurre en una incompetencia:

a) Funcional y jerárquica.
b) Territorial y jerárquica.
c) Funcional y territorial.
d) Territorial exclusivamente.

10. La incompetencia a que se refiere la pregunta anterior es de carácter:

a) Absoluto y relativo.
b) Absoluto.
c) Relativo.
d) Jerárquico.

11. Cuando la notificación por medios electrónicos sea de carácter obligatorio, se entenderá rechazada cuando:

a) Hayan transcurrido veinte días naturales desde la puesta a disposición de la notificación sin que se acceda a su contenido.

b) Hayan transcurrido diez días naturales desde la puesta a disposición de la notificación sin que se acceda a su contenido.

c) Hayan transcurrido diez días hábiles desde la puesta a disposición de la notificación sin que se acceda a su contenido.

d) Hayan transcurrido veinte días hábiles desde la puesta a disposición de la notificación sin que se acceda a su contenido.

12. Señala la respuesta incorrecta. Los actos administrativos serán objeto de publicación:

a) Cuando así lo establezcan las normas reguladoras de cada procedimiento.

b) Cuando lo aconsejen razones de interés público apreciadas por el órgano competente.

c) Cuando el acto tenga por destinatario a una pluralidad indeterminada de personas.

d) Siempre.

13. La notificación de un acto administrativo:

a) Suspende su eficacia hasta que se efectúe tratándose de actos generales.

b) No impide su ejecutividad una vez efectuada.

c) Suspende su eficacia una vez realizada.

d) Ha de hacerse con todo tipo de actos.

14. Los supuestos de nulidad absoluta de actos administrativos:

a) Son la regla general en nuestro Derecho.

b) Son los recogidos en el artículo 47 de la Ley 39/2015, de 1 de octubre, del Procedimiento Administrativo Común de las Administraciones Públicas, exclusivamente.

c) Pueden establecerse expresamente por una disposición con rango de ley.

d) Son solo los del artículo 47 citado y de otras leyes formales.

15. Los defectos formales en un acto, según reconoce expresamente la ley:

a) Lo vician con nulidad absoluta.

b) Lo vician con anulabilidad en todo caso.

c) Pueden dar lugar a la nulidad absoluta si producen indefensión.

d) Pueden dar lugar a la anulabilidad si producen indefensión.

En MADTEST tienes **más preguntas de este tema**, y todos tus avances quedan registrados y se reflejan en el ranking.

¡Supera tus límites con MADTEST!

Solución al test n.º 12

1. d) Un mes.

2. d) Cuando la ley lo prescriba.

3. d) Todos los anteriores deben motivarse.

4. c) Los motivos en que se basa la decisión.

5. d) Las respuestas a) y c) son correctas.

6. d) No se lesionen derechos de otras personas.

7. c) Puede ser objeto de impugnación por el particular.

8. a) Mayor de catorce años.

9. c) Funcional y territorial.

10. b) Absoluto.

11. b) Hayan transcurrido diez días naturales desde la puesta a disposición de la notificación sin que se acceda a su contenido.

12. d) Siempre.

13. b) No impide su ejecutividad una vez efectuada.

14. c) Pueden establecerse expresamente por una disposición con rango de ley.

15. d) Pueden dar lugar a la anulabilidad si producen indefensión.

TEST N.º 13

El procedimiento administrativo común: concepto, naturaleza y principios generales. Fases del procedimiento: iniciación, ordenación, instrucción y finalización

1. Las medidas provisionales deberán ser confirmadas, modificadas o levantadas en el acuerdo de iniciación del procedimiento, que deberá efectuarse:

a) Dentro de los quince días siguientes a su adopción.
b) Dentro del mes siguiente a su adopción.
c) Dentro de los cinco días siguientes a su adopción.
d) Dentro de los tres meses siguientes a su adopción.

2. ¿Cómo se denominan los procedimientos que tienden a la realización material de una decisión anterior ya definitiva, como, por ejemplo, el procedimiento de apremio?

a) Procedimientos ejecutivos.
b) Procedimientos declarativos.
c) Procedimientos de simple gestión.
d) Procedimientos de materialización o sustanciación.

3. ¿Cuándo podrán los administrados conocer el estado de la tramitación de los procedimientos en los que tengan la condición de interesados?

a) Solo en la fase de instrucción.
b) Únicamente en la fase de alegaciones.
c) Tan solo en la fase de prueba.
d) En cualquier momento.

4. Señala qué recurso cabe contra el acuerdo de acumulación de procedimientos administrativos:

a) Recurso de alzada.
b) Recurso extraordinario de revisión.
c) Recurso de reposición, en el plazo de un mes.
d) Ningún recurso.

5. ¿Cuándo se iniciarán de oficio los procedimientos?

a) Por denuncia.
b) Por acuerdo del órgano competente.
c) Por propia iniciativa.
d) Todas las respuestas son correctas.

6. Señala la respuesta incorrecta respecto al inicio del procedimiento por denuncia:

a) Las denuncias deberán expresar la identidad de la persona o personas que las presentan y el relato de los hechos que se ponen en conocimiento de la Administración.
b) La presentación de una denuncia confiere, por sí sola, la condición de interesado en el procedimiento.
c) Cuando la denuncia invocara un perjuicio en el patrimonio de las Administraciones Públicas la no iniciación del procedimiento deberá ser motivada y se notificará a los denunciantes la decisión de si se ha iniciado o no el procedimiento.
d) Se entiende por denuncia el acto por el que cualquier persona, en cumplimiento o no de una obligación legal, pone en conocimiento de un órgano administrativo la existencia de un determinado hecho que pudiera justificar la iniciación de oficio de un procedimiento administrativo.

7. ¿En qué caso se podrá imponer una sanción sin que se haya tramitado el oportuno procedimiento?

a) En casos de urgente necesidad.
b) En situaciones excepcionales, como por ejemplo, situaciones de crisis sanitarias o epidemias.
c) Las respuestas a) y b) son correctas.
d) En ningún caso.

8. ¿Cuál de los siguientes datos no es necesario que figure en las solicitudes de iniciación del procedimiento por parte de los interesados?

a) Número de teléfono.
b) Hechos, razones y petición en que se concrete, con toda claridad, la solicitud.
c) Órgano, centro o unidad administrativa a la que se dirige y su correspondiente código de identificación.
d) Firma del solicitante o acreditación de la autenticidad de su voluntad expresada por cualquier medio.

9. Los documentos que los interesados dirijan a los órganos de las Administraciones Públicas podrán presentarse:

a) En las oficinas de Correos, en la forma que reglamentariamente se establezca.
b) En el registro electrónico de la Administración u Organismo al que se dirijan.

c) En las representaciones diplomáticas u oficinas consulares de España en el extranjero.

d) Todas las respuestas son correctas.

10. Los interesados solo podrán solicitar el inicio de un procedimiento de responsabilidad patrimonial, cuando no haya prescrito su derecho a reclamar. El derecho a reclamar prescribirá:

a) Al año de producido el hecho o el acto que motive la indemnización o se manifieste su efecto lesivo.

b) A los dos años de producido el hecho o el acto que motive la indemnización o se manifieste su efecto lesivo.

c) A los cinco años de producido el hecho o el acto que motive la indemnización o se manifieste su efecto lesivo.

d) Este derecho no prescribe.

11. ¿De acuerdo con qué principio se acordarán en un solo acto todos los trámites que, por su naturaleza, admitan un impulso simultáneo y no sea obligado su cumplimiento sucesivo?

a) Con el principio de oficialidad.

b) Con el principio de eficacia.

c) Con el principio de simplificación administrativa.

d) Con el principio de rapidez administrativa.

12. Salvo en el caso de que en la norma correspondiente se fije plazo distinto, los trámites que deban ser cumplimentados por los interesados deberán realizarse en el plazo de:

a) Siete días a partir del siguiente al de la notificación del correspondiente acto.

b) Diez días a partir del siguiente al de la notificación del correspondiente acto.

c) Quince días a partir del siguiente al de la notificación del correspondiente acto.

d) Un mes a partir del siguiente al de la notificación del correspondiente acto.

13. En cualquier momento del procedimiento, cuando la Administración considere que alguno de los actos de los interesados no reúne los requisitos necesarios, lo pondrá en conocimiento de su autor, concediéndole un plazo para cumplimentarlo:

a) De cinco días.

b) De siete días.

c) De diez días.

d) De veinte días.

14. Cuando la Administración no tenga por ciertos los hechos alegados por los interesados o la naturaleza del procedimiento lo exija, el instructor del mismo acordará la apertura de un período de prueba, a fin de que puedan practicarse cuantas juzgue pertinentes, por un plazo:

a) No superior a treinta días ni inferior a diez.
b) No superior a treinta días ni inferior a quince.
c) No superior a veinte días ni inferior a diez.
d) No superior a veinte días ni inferior a cinco.

15. Salvo disposición expresa en contrario, los informes serán:

a) Vinculantes.
b) Vinculantes y facultativos.
c) Facultativos y no vinculantes.
d) Nunca facultativos.

En MADTEST tienes **más preguntas de este tema**, y todos tus avances quedan registrados y se reflejan en el ranking.

¡Supera tus límites con MADTEST!

Solución al test n.º 13

1. a) Dentro de los quince días siguientes a su adopción.

2. a) Procedimientos ejecutivos.

3. d) En cualquier momento.

4. d) Ninguno de los recursos anteriores.

5. d) Todas las respuestas son correctas.

6. b) La presentación de una denuncia confiere, por sí sola, la condición de interesado en el procedimiento.

7. d) En ningún caso.

8. a) Número de teléfono.

9. d) Todas las respuestas son correctas.

10. a) Al año de producido el hecho o el acto que motive la indemnización o se manifieste su efecto lesivo.

11. c) Con el principio de simplificación administrativa.

12. b) Diez días a partir del siguiente al de la notificación del correspondiente acto.

13. c) De diez días.

14. a) No superior a treinta días ni inferior a diez.

15. c) Facultativos y no vinculantes.

Los órganos de las Administraciones Públicas: especial referencia a los órganos colegiados. La atribución de competencias a los órganos administrativos: desconcentración, delegación, avocación, encomienda de gestión, delegación de firma y suplencia

1. En cuanto a la competencia de los órganos administrativos:

a) La competencia es renunciable por los órganos que la tengan atribuida.

b) La titularidad y el ejercicio de las competencias atribuidas a los órganos administrativos no podrán ser desconcentradas en otros jerárquicamente dependientes de aquellos.

c) La encomienda de gestión, la delegación de firma y la suplencia no suponen alteración de la titularidad de la competencia, aunque sí de los elementos determinantes de su ejercicio que en cada caso se prevén.

d) Si alguna disposición atribuye competencia a una Administración, sin especificar el órgano que debe ejercerla, se entenderá que la facultad de instruir y resolver los expedientes corresponde a los órganos superiores competentes por razón de la materia y del territorio.

2. En referencia a los órganos administrativos, podrán delegar competencias relativas a:

a) Asuntos que se refieran a relaciones con la Jefatura del Estado.

b) La adopción de disposiciones de carácter general.

c) La resolución de recursos en los órganos administrativos que hayan dictado los actos objeto de recurso.

d) El ejercicio de la potestad sancionadora.

3. En relación con la delegación de competencias entre órganos administrativos, no es cierto que:

a) La delegación puede ser revocada en cualquier momento por el órgano que la haya conferido.

b) La delegación de competencias atribuidas a órganos colegiados, para cuyo ejercicio ordinario se requiera un quórum especial, deberá adoptarse observando, en todo caso, dicho quórum.

c) Las competencias que se ejercen por delegación pueden ser delegadas.

d) No podrán ser delegadas aquellas materias en que así se determine por norma con rango de ley.

4. En cuanto a la delegación de firma, es cierto que:

a) La delegación de firma altera la competencia del órgano delegante.

b) Para su validez es necesaria su publicación.

c) Solo puede delegarse la firma en materias que se ostenten por atribución.

d) En las resoluciones y actos que se firmen por delegación se hará constar la autoridad de procedencia.

5. En relación con los conflictos de atribuciones entre órganos administrativos, no es cierto que:

a) El órgano administrativo que se estime incompetente para la resolución de un asunto remitirá directamente las actuaciones al órgano que considere competente.

b) Los interesados que sean parte en el procedimiento podrán dirigirse al órgano que se encuentre conociendo de un asunto para que decline su competencia y remita las actuaciones al órgano competente.

c) Los interesados podrán dirigirse al órgano que estimen competente para que requiera de inhibición al que esté conociendo del asunto.

d) Los conflictos de atribuciones solo podrán suscitarse entre órganos de una misma Administración relacionados jerárquicamente.

6. En relación con las instrucciones y órdenes de servicio, no es cierto que:

a) El incumplimiento de las instrucciones u órdenes de servicio supone la invalidez de los actos dictados por los órganos administrativos.

b) Son normas de carácter interno, que no han de afectar a los administrados.

c) No requieren un especial procedimiento de elaboración.

d) Su cumplimiento se subordina al conocimiento de las mismas por sus destinatarios.

7. Señala la respuesta incorrecta. Las autoridades y el personal al servicio de las Administraciones se abstendrán de intervenir en el procedimiento:

a) Cuando tengan interés personal en el asunto de que se trate o en otro en cuya resolución pudiera influir la de aquel.

b) Si tienen parentesco de consanguinidad o de afinidad dentro del cuarto grado, con cualquiera de los interesados.

c) Tener amistad íntima con los administradores de entidades o sociedades interesadas o con los asesores, representantes legales o mandatarios que intervengan en el procedimiento.

d) Haber tenido intervención como perito o como testigo en el procedimiento de que se trate.

8. Señala la respuesta correcta en relación con la abstención en el procedimiento:

a) La actuación de autoridades y personal al servicio de las Administraciones Públicas en los que concurran motivos de abstención implicará, necesariamente, la invalidez de los actos en que hayan intervenido.

b) Los órganos jerárquicamente superiores podrán ordenar a las personas en quienes se dé alguna de las circunstancias señaladas en el art. 23 de la LRJSP que se abstengan de toda intervención en el expediente.

c) La no abstención en los casos en que proceda no dará lugar a responsabilidad.

d) La enemistad manifiesta no es motivo de abstención en el procedimiento de una autoridad de la Administración Pública.

9. En lo concerniente a la recusación, a la que se refiere el art. 24 de la LRJSP:

a) La recusación deberá promoverse por los interesados antes de que se inicie la tramitación del procedimiento.

b) La recusación se planteará por escrito en el que se expresará la causa o causas en que se funda.

c) Si el recusado niega la causa de recusación, el superior resolverá en el plazo de tres meses, previos los informes y comprobaciones que considere oportunos.

d) Contra las resoluciones adoptadas en esta materia cabe recurso de alzada.

10. Los órganos administrativos podrán dirigir las actividades de sus órganos jerárquicamente dependientes mediante:

a) Instrucciones y Órdenes de servicio.

b) Circulares.

c) Notas de servicio y Recomendaciones.

d) Directrices y Avisos.

11. De conformidad con el artículo 8 de la Ley 40/2015, de 1 de octubre, de Régimen Jurídico del Sector Público, la competencia para el dictado de actos administrativos:

a) Es irrenunciable y siempre se ejercerá por los órganos administrativos que la tengan atribuida como propia.

b) Se puede delegar en todo caso.

c) Es irrenunciable y se ejercerá por los órganos administrativos que la tengan atribuida como propia, salvo los casos de delegación o avocación, en los términos previstos en la ley.

d) Es irrenunciable y se ejercerá por los órganos administrativos que la tengan atribuida como propia, salvo los casos de delegación de firma o suplencia, en los términos previstos en la ley.

12. En ningún caso podrán ser objeto de delegación, tal y como dispone la Ley 40/2015, de 1 de octubre, competencias relativas a:

a) La resolución de los recursos de alzada.

b) La adopción de disposiciones de carácter general.

c) Las resoluciones en materia de personal.
d) Las resoluciones de responsabilidad patrimonial.

13. Según dispone el artículo 23 de la Ley 40/2015, de 1 de octubre, de Régimen Jurídico del Sector Público, es motivo de abstención:

a) Tener interés personal en el asunto de que se trate o en otro en cuya resolución pudiera influir la de aquel, ser administrador de sociedad o entidad interesada, o tener cuestión litigiosa pendiente con algún interesado.
b) Tener parentesco de consanguinidad dentro del cuarto grado o de afinidad dentro del tercero, con cualquiera de los interesados, con los administradores de entidades o sociedades interesadas o con sus asesores o representantes legales.
c) Haber prestado servicios profesionales de cualquier tipo y en cualquier circunstancia o lugar en los cinco últimos años a persona natural interesada directamente en el asunto.
d) Haber prestado servicios profesionales de cualquier tipo y en cualquier circunstancia o lugar en los cinco últimos años a persona jurídica interesada directamente en el asunto.

14. La recusación de acuerdo con el artículo 24 de la Ley 40/2015, de 1 de octubre, de Régimen Jurídico del Sector Público, la promueve:

a) La autoridad.
b) El superior jerárquico de la autoridad o funcionario.
c) El interesado.
d) El funcionario.

15. Según dispone el artículo 23 de la Ley 40/2015, de 1 de octubre, de Régimen Jurídico del Sector Público, NO es un motivo de abstención:

a) Haber tenido intervención como perito en el procedimiento de que se trate.
b) Tener parentesco de afinidad dentro del segundo grado, con cualquiera de los interesados, con los administradores de entidades o sociedades interesadas y también con los asesores, representantes legales o mandatarios que intervengan en el procedimiento.
c) Tener parentesco de afinidad dentro del cuarto grado, con cualquiera de los interesados, con los administradores de entidades o sociedades interesadas y también con los asesores, representantes legales o mandatarios que intervengan en el procedimiento.
d) Haber tenido intervención como testigo en el procedimiento de que se trate.

Solución al test n.º 14

1. c) La encomienda de gestión, la delegación de firma y la suplencia no suponen alteración de la titularidad de la competencia, aunque sí de los elementos determinantes de su ejercicio que en cada caso se prevén.

2. d) El ejercicio de la potestad sancionadora.

3. c) Las competencias que se ejercen por delegación pueden ser delegadas.

4. d) En las resoluciones y actos que se firmen por delegación se hará constar la autoridad de procedencia.

5. d) Los conflictos de atribuciones sólo podrán suscitarse entre órganos de una misma Administración relacionados jerárquicamente.

6. a) El incumplimiento de las instrucciones u órdenes de servicio supone la invalidez de los actos dictados por los órganos administrativos.

7. b) Si tienen parentesco de consanguinidad o de afinidad dentro del cuarto grado, con cualquiera de los interesados.

8. b) Los órganos jerárquicamente superiores podrán ordenar a las personas en quienes se dé alguna de las circunstancias señaladas en el art. 23 de la LRJSP que se abstengan de toda intervención en el expediente.

9. b) La recusación se planteará por escrito en el que se expresará la causa o causas en que se funda.

10. a) Instrucciones y Órdenes de servicio.

11. c) Es irrenunciable y se ejercerá por los órganos administrativos que la tengan atribuida como propia, salvo los casos de delegación o avocación, en los términos previstos en la ley.

12. b) La adopción de disposiciones de carácter general.

13. a) Tener interés personal en el asunto de que se trate o en otro en cuya resolución pudiera influir la de aquel, ser administrador de sociedad o entidad interesada, o tener cuestión litigiosa pendiente con algún interesado.

14. c) El interesado.

15. c) Tener parentesco de afinidad dentro del cuarto grado, con cualquiera de los interesados, con los administradores de entidades o sociedades interesadas y también con los asesores, representantes legales o mandatarios que intervengan en el procedimiento.

TEST N.º 15

El Estatuto Básico del Empleado Público

1. Según el artículo 1.3. del Texto Refundido de la Ley del Estatuto Básico del Empleado Público, uno de los fundamentos de actuación reflejados por el EBEP es el servicio a los ciudadanos y:

a) A los intereses generales.
b) Al ordenamiento jurídico.
c) Al bienestar general.
d) A la Administración Pública.

2. Se regirá por la legislación específica dictada por el Estado y por las comunidades autónomas en el ámbito de sus respectivas competencias y por lo previsto en el EBEP, excepto el capítulo II del título III (salvo el artículo 20), y los artículos 22.3, 24 y 84:

a) El personal funcionario de las Universidades Públicas.
b) El personal funcionario y en lo que proceda el personal laboral al servicio de las Administraciones de las entidades locales.
c) El personal estatutario de los servicios de salud.
d) El personal funcionario y laboral al servicio de las Administraciones de las comunidades autónomas.

3. El Estatuto Básico del Empleado Público tendrá carácter supletorio:

a) Para el personal laboral al servicio de las Administraciones de las comunidades autónomas.
b) Para el personal docente.
c) Para el personal estatutario de los servicios de salud.
d) Para todo el personal de las Administraciones Públicas no incluido en su ámbito de aplicación.

4. El EBEP contiene:

a) Aquello que es común al conjunto de los empleados públicos de todas las Administraciones Públicas.

b) Las normas legales específicas aplicables a los empleados públicos de todas las Administraciones Públicas.

c) Aquello que es común al conjunto de los funcionarios de todas las Administraciones Públicas, más las normas legales específicas aplicables al personal laboral a su servicio.

d) Aquello que es común al conjunto del personal laboral de todas las Administraciones Públicas, más las normas legales específicas aplicables al personal funcionario a su servicio.

5. Señalar la respuesta incorrecta. La designación de personal directivo:

a) Atenderá a principios de mérito y capacidad.

b) Se llevará a cabo mediante procedimientos que garanticen la publicidad y concurrencia.

c) Supone la adquisición de la condición de personal eventual.

d) Atenderá a criterios de idoneidad.

6. En relación con el personal eventual, es cierto que:

a) Será retribuido con cargo a los créditos presupuestarios consignados para el personal funcionario.

b) La condición de personal eventual constituirá mérito en la fase de concurso para el acceso a la Función Pública.

c) Su cese tendrá lugar, en todo caso, cuando se produzca el de la autoridad a la que se preste la función de confianza o asesoramiento.

d) La condición de personal eventual computará como mérito para la promoción interna.

7. Corresponden en exclusiva a los funcionarios públicos, en los términos que en la ley de desarrollo de cada Administración Pública se establezca, el ejercicio de funciones:

a) Directivas.

b) Que impliquen la participación directa o indirecta en el ejercicio de las potestades públicas.

c) Del ámbito militar, de la Justicia o de la Hacienda Pública.

d) Que impliquen la participación directa (no la indirecta), en la salvaguardia de los intereses generales del Estado.

8. Las leyes de Función Pública que se dicten en desarrollo del EBEP podrán prever el nombramiento de personal interino para la ejecución de programas de carácter temporal con una duración de hasta:

a) 2 años.

b) 3 años.

c) 4 años.

d) 5 años.

9. Completar la siguiente frase. Según el artículo 8 del Texto Refundido de la Ley del Estatuto Básico del Empleado Público, aprobado por el Real Decreto Legislativo 5/2015, de 30 de octubre, son empleados públicos quienes desempeñan funciones ………….. en las Administraciones Públicas al servicio de los intereses generales:

a) Directivas.
b) Exclusivas.
c) Administrativas.
d) Retribuidas.

10. Según el artículo 9.1 del EBEP, es una característica del funcionario de carrera el desempeño de servicios profesionales retribuidos de carácter:

a) Permanente.
b) Público.
c) Administrativo.
d) Autoritario.

11. El número de puestos cubiertos por personal eventual:

a) Es indefinido e ilimitado.
b) Está limitado por un máximo establecido por los respectivos órganos de gobierno.
c) Está limitado a tres por cada órgano superior de la Administración Pública.
d) No puede hacerse público, puesto que se trata de personal de confianza.

12. En relación al personal eventual, el EBEP dispone que:

a) El número máximo de este tipo de personal se establecerá por ley de las Cortes Generales o de las Asambleas legislativas de las Comunidades Autónomas.
b) El cese de este personal no va ligado, en ningún caso, al de la autoridad a la que se preste la función de confianza o asesoramiento.
c) La condición de personal eventual constituye mérito para el acceso a la Función Pública y para la promoción interna.
d) Este personal solo realiza funciones expresamente calificadas como de confianza o asesoramiento especial.

13. Los funcionarios interinos serán nombrados por razones expresamente justificadas de necesidad y:

a) Economía.
b) Eficacia.
c) Urgencia.
d) Calidad.

14. A tenor del artículo 14 del EBEP los empleados públicos tienen derecho:

a) A la inamovilidad en la condición de funcionario de carrera.

b) A la formación continua y a la actualización permanente de sus conocimientos y capacidades profesionales, preferentemente fuera del horario laboral.

c) A la libertad de expresión, sin restricción alguna.

d) A participar en la consecución de los objetivos atribuidos a la unidad donde preste sus servicios y a ser consultado por sus superiores por las tareas a desarrollar.

15. Conforme al EBEP, los funcionarios públicos tendrán un permiso por enfermedad grave de un familiar dentro del primer grado de consanguinidad o afinidad, de:

a) Dos días hábiles.

b) Tres días hábiles.

c) Cuatro días hábiles.

d) Cinco días hábiles.

En MADTEST tienes **más preguntas de este tema**, y todos tus avances quedan registrados y se reflejan en el ranking.

¡Supera tus límites con MADTEST!

Solución al test n.º 15

1. a) A los intereses generales.

2. c) El personal estatutario de los servicios de salud.

3. d) Para todo el personal de las Administraciones Públicas no incluido en su ámbito de aplicación.

4. c) Aquello que es común al conjunto de los funcionarios de todas las Administraciones Públicas, más las normas legales específicas aplicables al personal laboral a su servicio.

5. c) Supone la adquisición de la condición de personal eventual.

6. c) Su cese tendrá lugar, en todo caso, cuando se produzca el de la autoridad a la que se preste la función de confianza o asesoramiento.

7. b) Que impliquen la participación directa o indirecta en el ejercicio de las potestades públicas.

8. c) 4 años.

9. d) Retribuidas.

10. a) Permanente.

11. b) Está limitado por un máximo establecido por los respectivos órganos de gobierno.

12. d) Este personal solo realiza funciones expresamente calificadas como de confianza o asesoramiento especial.

13. c) Urgencia.

14. a) A la inamovilidad en la condición de funcionario de carrera.

15. d) Cinco días hábiles.

TEST N.º 16

La Ley de la Función Pública de Castilla y León

1. ¿Cuál de las siguientes opciones se corresponde con uno de los principios y criterios informadores por los que se ordena la Función Pública de la Administración de la Comunidad de Castilla y León, según el artículo 3 de la Ley 7/2005?

a) Profesionalización de la carrera administrativa.
b) Transparencia.
c) Evaluación y responsabilidad en la gestión.
d) Jerarquía en la atribución, ordenación y desempeño de las funciones y tareas.

2. Según el artículo 22 de la Ley 7/2005, es el instrumento de coordinación entre la estructura de la función pública y las decisiones presupuestarias:

a) La oferta de empleo público.
b) El catálogo de puestos tipo.
c) La plantilla de personal funcionario y laboral.
d) La relación de puestos de trabajo.

3. En relación al personal eventual, la Ley 7/2005 dispone que:

a) El número máximo de este tipo de personal se establecerá por ley de las Cortes de Castilla y León.
b) El cese de este personal no va ligado, en ningún caso, al de la autoridad a la que se preste la función de confianza o asesoramiento.
c) La condición de personal eventual constituye mérito para el acceso a la Función Pública y para la promoción interna.
d) Este personal solo realiza funciones expresamente calificadas como de confianza o asesoramiento especial.

4. Según el artículo 18 de la Ley 7/2005, la planificación de los recursos humanos de la Administración de la Comunidad de Castilla y León tendrá por objeto lograr su adecuada dimensión, distribución y ………….. para la mejora en la prestación de los servicios. Señalar la palabra que falta:

a) Capacitación.
b) Fiabilidad.

c) Financiación.
d) Ordenación.

5. La creación, modificación y supresión de los puestos de trabajo se realizará a través de:

a) Las plantillas de personal.
b) La relación de puestos de trabajo.
c) La oferta pública de empleo.
d) La Ley de Presupuestos.

6. En relación al Registro General de Personal de la Comunidad de Castilla y León, es cierto que:

a) Incluirá a los funcionarios de la administración local.
b) Su organización y funcionamiento se determinarán por Decreto de la Junta de Castilla y León.
c) En él figurarán todo tipo de datos, incluso datos relativos a la raza, opinión o religión.
d) No se permite al personal el acceso a su expediente individual, ni a los datos de su vida administrativa que figuren inscritos.

7. Según el artículo 22 de la Ley 7/2005, la plantilla de personal funcionario y laboral de la Administración de Castilla y León debe responder a los principios de racionalidad, eficiencia y:

a) Transparencia.
b) Capacidad.
c) Economía.
d) Objetividad.

8. Las relaciones de puestos de trabajo y sus modificaciones se aprobarán por:

a) La Junta de Castilla y León, a propuesta de la Consejería competente en materia de función pública.
b) La Consejería competente en materia de función pública, a propuesta de la correspondiente Consejería.
c) Las correspondientes Consejerías, previo informe de la Consejería competente en materia de hacienda.
d) La Consejería competente en materia de función pública, previo informe de la Consejería competente en materia de hacienda.

9. La Administración de la Comunidad de Castilla y León se estructura a través de los siguientes instrumentos organizativos:

a) Las relaciones de puestos de trabajo, el registro general de personal y el catálogo de puestos tipo del personal funcionario.
b) Las relaciones de puestos de trabajo y la plantilla.

c) La plantilla y el registro general de personal.

d) La plantilla, el catálogo de puestos tipo del personal funcionario y las relaciones de puestos de trabajo.

10. Según el artículo 6 de la Ley 7/2005, de 24 de mayo, de la Función Pública de Castilla y León, corresponde en particular a la Junta de Castilla y León:

a) Aprobar la oferta de empleo público.

b) La resolución de los expedientes sobre incompatibilidades del personal al servicio de la Administración de la Comunidad de Castilla y León.

c) Reconocer las situaciones administrativas de los funcionarios.

d) Reconocer la adquisición y cambio de grado personal.

11. Cuál es el órgano superior colegiado de coordinación, en materia de función pública, entre la Administración de la Comunidad de Castilla y León y la Administración Local:

a) El Comité Interadministrativo de Castilla y León.

b) La Delegación Interadministrativa Regional de Función Pública.

c) La Comisión Regional de la Función Pública.

d) La Junta Regional de Función Pública.

12. Corresponde establecer la jornada de trabajo en la Administración de Castilla y León:

a) A la Junta de Castilla y León.

b) Al Consejero competente en materia de Función Pública.

c) Al Consejo de la Función Pública.

d) A la Comisión Regional de la Función Pública.

13. Es una función del Consejo de la Función Pública:

a) Informar los planes de empleo antes de su aprobación por la Junta de Castilla y León.

b) La coordinación, en materia de función pública, entre la Administración de la Comunidad de Castilla y León y la Administración Local.

d) Otorgar los premios, recompensas y distinciones que reglamentariamente se determinen.

14. Corresponde el reconocimiento de la adquisición y cambio de grado personal:

a) A la Junta de Castilla y León.

b) Al Consejero competente en materia de Función Pública.

c) Al Consejo de la Función Pública.

d) A la Comisión Regional de la Función Pública.

15. Para poder participar en los concursos para la provisión de puestos de trabajo de la Administración de la Comunidad Autónoma de Castilla y León, los funcionarios de carrera deberán acreditar una permanencia de en el puesto de trabajo obtenido con carácter definitivo, de:

a) 2 años.
b) 3 años.
c) 4 años.
d) 5 años.

En MADTEST tienes **más preguntas de este tema**, y todos tus avances quedan registrados y se reflejan en el ranking.

¡Supera tus límites con MADTEST!

Solución al test n.º 16

1. a) Profesionalización de la carrera administrativa.

2. c) La plantilla de personal funcionario y laboral.

3. d) Este personal solo realiza funciones expresamente calificadas como de confianza o asesoramiento especial.

4. a) Capacitación.

5. b) La relación de puestos de trabajo.

6. b) Su organización y funcionamiento se determinarán por Decreto de la Junta de Castilla y León.

7. c) Economía.

8. a) La Junta de Castilla y León, a propuesta de la Consejería competente en materia de función pública.

9. b) Las relaciones de puestos de trabajo y la plantilla.

10. a) Aprobar la oferta de empleo público.

11. c) La Comisión Regional de la Función Pública.

12. a) A la Junta de Castilla y León.

13. a) Informar los planes de empleo antes de su aprobación por la Junta de Castilla y León.

14. b) Al Consejero competente en materia de Función Pública.

15. a) 2 años.

TEST N.º 17

El derecho de sindicación y de huelga.
Régimen de incompatibilidades

1. La libertad sindical comprende:

a) El derecho a fundar sindicatos, previa autorización del Ministerio del Interior.
b) La obligación a afiliarse a algún sindicato.
c) El derecho del trabajador a afiliarse al sindicato de su elección.
d) El derecho a coartar el libre ejercicio del derecho de huelga.

2. El comité de huelga se compone de:

a) No más de 12 trabajadores del centro de trabajo en conflicto.
b) 12 trabajadores del centro de trabajo en conflicto.
c) No menos de 12 trabajadores del centro de trabajo en conflicto.
d) Entre 10 y 15 trabajadores del centro de trabajo en conflicto.

3. En relación con el derecho de huelga, es cierto que:

a) El empresario podrá sustituir temporalmente a los huelguistas durante la huelga.
b) El trabajador en huelga tendrá derecho a la prestación por desempleo.
c) Durante la huelga el trabajador causa baja en la Seguridad Social.
d) Durante la huelga el trabajador se mantiene en situación de "alta especial".

4. Los órganos específicos de representación de los funcionarios de la Administración de Castilla y León son:

a) Los Delegados de Centro y las Juntas Generales.
b) Los Delegados Laborales.
c) Los Delegados de Personal y las Juntas de Personal.
d) Los Síndicos y los Comités de Centro.

5. Conforme al artículo 101 de la Ley 7/2005, las Juntas de Personal y los Delegados de Personal tienen, en sus respectivos ámbitos, la facultad de recibir información sobre la política de personal que les será facilitada:

a) Mensualmente.
b) Bimestralmente.
c) Trimestralmente.
d) Semestralmente.

6. La composición numérica de las Mesas de Negociación se determinará de mutuo acuerdo entre las partes sin que ninguna de ellas pueda superar el número de:

a) 6 miembros.
b) 10 miembros.
c) 12 miembros.
d) 14 miembros.

7. Según el artículo 108 de la Ley 7/2005, en los Pactos y Acuerdos adoptados en las Mesas de negociación podrán establecerse, con funciones de vigilancia, interpretación, conciliación y resolución de conflictos derivados de la aplicación e interpretación de lo acordado:

a) Comisiones de seguimiento.
b) Comités técnicos.
c) Consejos de mediación.
d) Juntas de resolución de conflictos.

8. El deber de negociar y las relaciones entre los representantes de los funcionarios y la Administración de la Comunidad se inspirarán en el principio de:

a) El interés general.
b) Representación equilibrada.
c) Reconocimiento mutuo.
d) Buena fe.

9. En la Administración de la Comunidad de Castilla y León, el reglamento de una Junta de Personal y sus modificaciones deberán ser aprobados por los votos favorables de, al menos:

a) La mayoría simple de sus miembros.
b) La mayoría absoluta de sus miembros.
c) Tres quintos de sus miembros.
d) Dos tercios de sus miembros.

10. En la Administración de la Comunidad de Castilla y León, la Mesa General de Negociación y las Mesas Sectoriales se reunirán, al menos:

a) Una vez al mes.
b) Una vez al trimestre.
c) Una vez al semestre.
d) Una vez al año.

11. En relación con las competencias de la Administración de Castilla y León, NO existe obligación de negociación colectiva en materia de:

a) Clasificación de puestos de trabajo.
b) Preparación y diseño de los planes de oferta de empleo.
c) Ejercicio de los derechos de los ciudadanos ante los funcionarios públicos.
d) Sistemas de ingreso, provisión y promoción profesional de los funcionarios públicos.

12. En relación con las competencias de la Administración de Castilla y León, NO existe obligación de negociación colectiva en materia de:

a) Potestades de organización de la Administración.
b) Medidas sobre salud laboral.
c) Determinación de los programas y fondos para la acción de promoción interna, formación y perfeccionamiento.
d) Determinación y aplicación de las retribuciones de los funcionarios públicos.

13. Serán objeto de negociación, en su ámbito respectivo y en relación con las competencias de la Administración de Castilla y León y con el alcance que legalmente proceda en cada caso:

a) Las normas que fijen los criterios generales en materia de acceso, carrera, provisión, sistemas de clasificación de puestos de trabajo, y planes e instrumentos de planificación de recursos humanos.
b) Las decisiones de las Administraciones Públicas que afecten a sus potestades de organización.
c) La regulación del ejercicio de los derechos de los ciudadanos y de los usuarios de los servicios públicos, así como el procedimiento de formación de los actos y disposiciones administrativas.
d) La regulación y determinación concreta, en cada caso, de los sistemas, criterios, órganos y procedimientos de acceso al empleo público y la promoción profesional.

14. En relación con los Pactos y Acuerdos de las Mesas de Negociación, NO es cierto que:

a) Los Pactos se celebrarán sobre materias que se correspondan estrictamente con el ámbito competencial del órgano administrativo que lo suscriba y vincularán directamente a las partes.
b) Los Acuerdos versarán sobre materias competencia de la Junta de Castilla y León. Para su validez y eficacia será necesaria la aprobación expresa y formal de aquella.

c) Si los Acuerdos ratificados tratan sobre materias sometidas a reserva de ley que, en consecuencia, solo pueden ser determinadas definitivamente por las Cortes de Castilla y León, su contenido conservará eficacia directa mientras no sean rechazados.

d) Los Pactos y Acuerdos deberán establecer las partes intervinientes, el ámbito personal, funcional, territorial y temporal, así como el plazo de vigencia.

15. Según el artículo 101 de la Ley 7/2005, las Juntas de Personal y los Delegados de personal tendrán, en sus respectivos ámbitos, la siguiente facultad:

a) Ser informados de todas las sanciones impuestas por todo tipo de faltas.

b) Remuneraciones percibidas por cada funcionario.

c) Emitir informe, a solicitud de la Administración, sobre régimen de permisos, vacaciones y licencias.

d) Tener conocimiento y ser oídos en materia de establecimiento de la jornada laboral y horario de trabajo.

En MADTEST tienes **más preguntas de este tema**, y todos tus avances quedan registrados y se reflejan en el ranking.

¡Supera tus límites con MADTEST!

Solución al test n.º 17

1. c) El derecho del trabajador a afiliarse al sindicato de su elección.

2. a) No más de 12 trabajadores del centro de trabajo en conflicto.

3. d) Durante la huelga el trabajador se mantiene en situación de "alta especial".

4. c) Los Delegados de Personal y las Juntas de Personal.

5. c) Trimestralmente.

6. c) 12 miembros.

7. a) Comisiones de seguimiento.

8. d) Buena fe.

9. d) Dos tercios de sus miembros.

10. d) Una vez al año.

11. c) Ejercicio de los derechos de los ciudadanos ante los funcionarios públicos.

12. a) Potestades de organización de la Administración.

13. a) Las normas que fijen los criterios generales en materia de acceso, carrera, provisión, sistemas de clasificación de puestos de trabajo, y planes e instrumentos de planificación de recursos humanos.

14. c) Si los Acuerdos ratificados tratan sobre materias sometidas a reserva de ley que, en consecuencia, solo pueden ser determinadas definitivamente por las Cortes de Castilla y León, su contenido conservará eficacia directa mientras no sean rechazados.

15. d) Tener conocimiento y ser oídos en materia de establecimiento de la jornada laboral y horario de trabajo.

TEST N.º 18

El presupuesto de la Comunidad de Castilla y León. Concepto y estructura. Fases del ciclo presupuestario

1. Los presupuestos:

a) Son solo una expresión textual.
b) Son una expresión cifrada.
c) Son asientos contables.
d) Todas las respuestas son falsas.

2. Para el poder ejecutivo, los presupuestos tienen el carácter de:

a) Mandato no vinculante.
b) Acto de autorización y control del legislativo.
c) Criterio orientativo.
d) Límite estatutario.

3. No es un principio contable del presupuesto:

a) La equitativa distribución de la renta.
b) La unidad de caja.
c) El principio de especificación.
d) El principio de ejercicio cerrado.

4. Los presupuestos de la Comunidad de Castilla y León se desarrollan:

a) En el Estatuto de Autonomía.
b) En la Ley General Presupuestaria.
c) En la Ley de Hacienda y del Sector Público de Castilla y León.
d) En la Ley de Gobierno de Castilla y León.

5. El ejercicio presupuestario:

a) Coincide con el año natural.
b) No coincide con el año natural.
c) Se establece por la Junta.
d) Comienza con la aprobación del presupuesto por la Cortes.

6. Los presupuestos generales de la Comunidad:

a) Recogen el importe de los tributos propios de las fundaciones públicas.

b) Recogen la estimación de los beneficios fiscales que afecten a los tributos cuyo rendimiento corresponda a la Comunidad.

c) Recogen las operaciones de inversión y financieras que se realicen en el ejercicio por las empresas públicas y privadas.

d) Recogen los impuestos necesarios para atender al cumplimiento de las obligaciones de las universidades públicas.

7. No es un principio político presupuestario la:

a) Especialidad.
b) Especificación.
c) Unidad.
d) Competencia.

8. El principio de universalidad:

a) Establece que el presupuesto debe contener la totalidad de los gastos y los ingresos, de forma separada.

b) Significa el disponer de un cuadro único de ingresos y pagos que permita una visión clara de la posición financiera del grupo político.

c) Quiere decir que todos los recursos asignados en el presupuesto a un determinado objetivo deberán invertirse exclusivamente en dicha finalidad.

d) Ninguna de las respuestas anteriores es correcta.

9. No es un principio económico de los presupuestos:

a) El equilibrio en la balanza de pagos.
b) La unidad de caja.
c) La lucha contra el paro.
d) La equitativa distribución de la renta.

10. El Estatuto de Autonomía de Castilla y León define los presupuestos en su artículo:

a) 30.
b) 89.
c) 41.
d) 50.

11. El que los créditos para gastos se destinen a su finalidad específica responde:

a) Al principio de estabilidad.
b) Al principio de especialidad cualitativa.
c) Al principio de especialidad temporal.
d) Al principio de especialidad cuantitativa.

12. La clasificación orgánica agrupará:

a) Los créditos por capítulos separando las operaciones corrientes, las de capital, las financieras.
b) Por secciones y servicios los créditos asignados a los distintos centros gestores de gasto de los órganos con dotación diferenciada en los presupuestos.
c) Sus créditos y establecerá, de acuerdo con la Consejería de Hacienda, los objetivos a conseguir como resultado de su gestión presupuestaria.
d) Todas las respuestas son correctas.

13. Si la Ley de Presupuestos Generales no se aprobara antes del primer día del ejercicio económico correspondiente, se considerarán automáticamente prorrogados:

a) Los presupuestos iniciales del ejercicio anterior por doceavas partes hasta la aprobación y publicación de los nuevos en el «Boletín Oficial de Castilla y León».
b) El proyecto de nuevo presupuesto hasta su definitiva aprobación y publicación en el «Boletín Oficial de Castilla y León».
c) Los presupuestos iniciales del ejercicio anterior, divido trimestralmente, hasta la aprobación y publicación de los nuevos en el «Boletín Oficial de Castilla y León».
d) Los presupuestos iniciales del ejercicio anterior hasta la aprobación y publicación de los nuevos en el «Boletín Oficial de Castilla y León».

14. El artículo de nuestra Constitución en el que se regula el Tribunal de Cuentas es el:

a) 126.
b) 136.
c) 116.
d) 146.

15. El control interno se ejerce:

a) Por la Tesorería General.
b) Por la Consejería de Hacienda.
c) Por la Cámara de Cuentas.
d) Por la Intervención General.

En MADTEST tienes **más preguntas de este tema**, y todos tus avances quedan registrados y se reflejan en el ranking.

¡Supera tus límites con MADTEST!

Solución al test n.º 18

1. b) Son una expresión cifrada.

2. b) Acto de autorización y control del legislativo.

3. a) La equitativa distribución de la renta.

4. c) En la Ley de Hacienda y del Sector Público de Castilla y León.

5. a) Coincide con el año natural.

6. b) Recogen la estimación de los beneficios fiscales que afecten a los tributos cuyo rendimiento corresponda a la Comunidad.

7. b) Especificación.

8. a) Establece que el presupuesto debe contener la totalidad de los gastos y los ingresos, de forma separada.

9. b) La unidad de caja.

10. b) 89.

11. b) Al principio de especialidad cualitativa.

12. b) Por secciones y servicios los créditos asignados a los distintos centros gestores de gasto de los órganos con dotación diferenciada en los presupuestos.

13. d) Los presupuestos iniciales del ejercicio anterior hasta la aprobación y publicación de los nuevos en el «Boletín Oficial de Castilla y León».

14. b) 136.

15. d) Por la Intervención General.

Las políticas de igualdad y no discriminación en Castilla y León. Igualdad de género: Medidas contra la violencia de género; especial referencia respecto de la función pública. Discapacidad y dependencia; especial referencia respecto de la función pública

1. ¿Qué son las políticas públicas?

a) Un conjunto de actividades que sólo afectan a la economía.
b) El conjunto de acciones que desarrollan las autoridades públicas para influir en la vida de los ciudadanos.
c) Las decisiones que toman los ciudadanos sobre su vida cotidiana.
d) Un programa de acción que solo se implementa en áreas rurales.

2. Según el Estatuto de Autonomía de Castilla y León, ¿qué se prohíbe en el artículo 14?

a) La discriminación de género u orientación sexual.
b) La discriminación por razón de edad.
c) La discriminación por lugar de residencia.
d) La discriminación por nivel educativo.

3. ¿En qué Conferencia Mundial sobre la mujer se comienzan a generalizar las expresiones «de género» y «perspectiva de género»?

a) Conferencia de México (1975).
b) Conferencia de Copenhague (1980).
c) Conferencia de Nairobi (1985).
d) Conferencia de Pekín (1995).

4. Según la Ley Orgánica 3/2007, ¿qué principio debe informar la actuación de los poderes públicos en relación con la igualdad de género?

a) El principio de acción directa.
b) El principio de igualdad de trato y oportunidades entre mujeres y hombres.

c) El principio de redistribución económica.
d) El principio de igualdad territorial.

5. La Administración de la Comunidad de Castilla y León y el resto de Administraciones Públicas de su ámbito territorial de actuación se regirán en materia de igualdad de oportunidades entre mujeres y hombres por distintos principios. Cuál de esos principios comporta aplicar la perspectiva de género en las fases de planificación, ejecución y evaluación de las políticas llevadas a cabo por las distintas Administraciones Públicas:

a) Transparencia.
b) Planificación.
c) Coordinación.
d) Transversalidad.

6. Fomentar la participación y presencia de las mujeres en la vida política, social, económica y cultural en sus respectivos ámbitos de competencia, es una competencia de las Diputaciones Provinciales de Castilla y León y de los Ayuntamientos con más de (a partir de):

a) 5.000 habitantes.
b) 10.000 habitantes.
c) 20.000 habitantes.
d) 40.000 habitantes.

7. Según el artículo 14 de la Ley 1/2003, una medida de acción positiva en favor de la mujer en el ámbito económico y laboral es:

a) Eliminar la discriminación salarial de las mujeres.
b) Incorporar la perspectiva de género en todos los ámbitos de la empresa.
c) Reducir las tasas de desempleo femenino, promocionando la imagen de la mujer en un plano de igualdad con el hombre.
d) La incorporación de las mujeres a la formación científica y tecnológica.

8. Según el artículo 16 de la Ley 1/2003, una medida de acción positiva para la conciliación de la vida laboral y familiar es:

a) Incentivar y garantizar que los medios de comunicación tanto los financiados con fondos públicos o con cualquier otro recurso no emitan en su programación imágenes o contenidos sexistas, vejatorios para la mujer o que puedan incitar al ejercicio de la violencia de género.
b) Incentivar que las bajas, permisos o excedencias por motivos de nacimiento de hijos o cuidado de familiares sean solicitados por el padre para facilitar la vida profesional de la mujer.

c) Remunerar a los hombres que se incorporen a las tareas domésticas y responsabilidades familiares.

d) Reducir la jornada laboral de las mujeres.

9. A partir de la Ley 5/2014, de 11 de septiembre, de Medidas para la Reforma de la Administración de la Comunidad de Castilla y León, qué órgano actúa como órgano colegiado de coordinación interdepartamental de las políticas y medidas dirigidas a conseguir la igualdad de oportunidades, a propuesta de la consejería competente en la materia:

a) La Comisión Interconsejerías para la Igualdad de Oportunidades entre Mujeres y Hombres.

b) El Consejo Regional de la Mujer.

c) La Comisión de Secretarios Generales.

d) El Observatorio de la Comunidad de Castilla y León.

10. Entre las Vocalías en representación de intereses sociales que se integran en el seno del Consejo Regional de la Mujer, habrá:

a) Una persona en representación del Consejo de la Juventud de Castilla y León.

b) Una persona en representación de la organización empresarial más representativa en Castilla y León.

c) Dos personas en representación de la asociación de mujeres que, en cada provincia, tenga un mayor número de asociadas y que esté inscrita en el Registro de entidades para la igualdad de oportunidades de la Comunidad, siguiendo un turno rotatorio anual.

d) Una persona en representación de la entidad sin ánimo de lucro, con mayor número de personas o entidades asociadas, de las personas inmigrantes, que cuente en su organización con una estructura específica en representación de las mujeres inmigrantes y que esté inscrita en el Registro de entidades, servicios y centros de carácter social de Castilla y León.

11. ¿Qué aspecto se debe incluir en el diagnóstico de la evaluación del impacto de género según el artículo 3 de la Ley 1/2011?

a) La opinión de los hombres sobre las normas propuestas.

b) Datos desagregados por sexos sobre la situación inicial de mujeres y hombres.

c) La historia de la lucha por los derechos humanos.

d) La cantidad de mujeres en posiciones de poder.

12. ¿Qué objetivo primigenio se supone que debe existir para alcanzar una nueva realidad social de igualdad real y efectiva entre mujeres y hombres?

a) La eliminación de la pobreza.

b) La reducción de la jornada laboral.

c) El aumento de la productividad en las empresas.

d) La conciliación de la vida profesional y personal.

13. Según la Ley 10/2019, ¿qué principio rector promueve la implicación iguali-taria de hombres y mujeres en las tareas de cuidado y atención familiar?

a) Principio de libertad.
b) Principio de transversalidad.
c) Principio de corresponsabilidad.
d) Principio de igualdad en las relaciones laborales.

14. ¿Qué se entiende por brecha salarial de género?

a) La diferencia de horas trabajadas entre hombres y mujeres.
b) La diferencia de acceso a los puestos directivos.
c) La diferencia en los salarios percibidos por hombres y mujeres, calculada sobre los ingresos brutos por hora.
d) La diferencia en la tasa de desempleo entre hombres y mujeres.

15. ¿Cuál de los siguientes es uno de los objetivos principales de la Ley 10/2019 según su artículo 5?

a) Fomentar la igualdad entre hombres y mujeres en la creación de empresas.
b) Mantener una red pública de plazas para la atención de menores, favoreciendo la conciliación de la vida familiar, personal y laboral.
c) Crear más plazas para formación académica en el ámbito rural.
d) Incrementar los sueldos del personal de la Administración pública.

Solución al test n.º 19

1. b) El conjunto de acciones que desarrollan las autoridades públicas para influir en la vida de los ciudadanos.

2. a) La discriminación de género u orientación sexual.

3. d) Conferencia de Pekín (1995).

4. b) El principio de igualdad de trato y oportunidades entre mujeres y hombres.

5. d) Transversalidad.

6. c) 20.000 habitantes.

7. a) Eliminar la discriminación salarial de las mujeres.

8. b) Incentivar que las bajas, permisos o excedencias por motivos de nacimiento de hijos o cuidado de familiares sean solicitados por el padre para facilitar la vida profesional de la mujer.

9. c) La Comisión de Secretarios Generales.

10. d) Una persona en representación de la entidad sin ánimo de lucro, con mayor número de personas o entidades asociadas, de las personas inmigrantes, que cuente en su organización con una estructura específica en representación de las mujeres inmigrantes y que esté inscrita en el Registro de entidades, servicios y centros de carácter social de Castilla y León.

11. b) Datos desagregados por sexos sobre la situación inicial de mujeres y hombres.

12. d) La conciliación de la vida profesional y personal.

13. c) Principio de corresponsabilidad.

14. c) La diferencia en los salarios percibidos por hombres y mujeres, calculada sobre los ingresos brutos por hora.

15. b) Mantener una red pública de plazas para la atención de menores, favoreciendo la conciliación de la vida familiar, personal y laboral.

Competencias

TEST N.º 20

Los derechos de las personas en sus relaciones con la Administración: legislación básica estatal y legislación de Castilla y León. La calidad en la prestación de los servicios públicos: marco para la mejora de la calidad y la innovación de los servicios públicos de la Administración de la Comunidad de Castilla y León

1. Según la Constitución Española, la Administración Pública sirve con objetividad los intereses generales y actúa de acuerdo, entre otros, con el principio de:

a) Eficacia.
b) Transparencia.
c) Participación.
d) Responsabilidad.

2. El derecho a una buena Administración, tal y como se configura en Castilla y León, se vincula principalmente con:

a) El derecho de acceso a los registros administrativos.
b) El derecho a una actuación administrativa eficaz, imparcial y orientada a la ciudadanía.
c) El derecho de petición reconocido en la Constitución Española.
d) El derecho de acceso a la información pública.

3. La norma básica estatal que regula los derechos de las personas interesadas en el procedimiento administrativo común es:

a) La Ley 40/2015, de 1 de octubre, de Régimen Jurídico del Sector Público.
b) La Ley 19/2013, de 9 de diciembre, de transparencia, acceso a la información pública y buen gobierno.
c) La Ley 39/2015, de 1 de octubre, del Procedimiento Administrativo Común de las Administraciones Públicas.
d) El Real Decreto 203/2021, de 30 de marzo.

4. Entre los derechos reconocidos a las personas por la Ley 39/2015, de 1 de octubre, se encuentra:

a) Identificar a las autoridades y al personal responsable de la tramitación.
b) Resolver los procedimientos administrativos.

c) Determinar el órgano competente.
d) Modificar los plazos legales.

5. El derecho a no aportar documentos que ya obren en poder de la Administración se apoya en el principio de:

a) Legalidad.
b) Seguridad jurídica.
c) Interoperabilidad entre Administraciones Públicas.
d) Eficacia.

6. La Ley 39/2015, de 1 de octubre, reconoce el derecho a comunicarse con las Administraciones Públicas a través de:

a) Oficinas de asistencia en materia de registros.
b) Registros auxiliares.
c) Portales institucionales.
d) Un Punto de Acceso General electrónico.

7. El derecho a conocer el estado de tramitación de un procedimiento corresponde a:

a) Cualquier persona que lo solicite.
b) Los empleados públicos intervinientes.
c) Las personas interesadas en el procedimiento.
d) Los órganos administrativos.

8. La Ley 39/2015, de 1 de octubre, reconoce a las personas interesadas el derecho a:

a) Determinar el contenido de la resolución.
b) Acceder a toda la información administrativa sin límites.
c) Exigir la suspensión automática del procedimiento.
d) Identificar a las autoridades y al personal responsable de la tramitación.

9. Según la Ley 39/2015, de 1 de octubre, están obligadas a relacionarse electrónicamente con las Administraciones Públicas:

a) Las personas jurídicas.
b) Las personas físicas en todo caso.
c) Las personas interesadas en procedimientos sancionadores.
d) Las personas que actúen sin representante.

10. Con carácter general, las personas físicas:

a) Deben utilizar medios electrónicos preferentemente.
b) Pueden elegir el medio de relación con la Administración.
c) Deben utilizar medios presenciales.
d) Están sujetas a lo que determine el órgano competente.

11. Cuando una persona obligada a relacionarse electrónicamente presenta una solicitud en soporte no electrónico:

a) Se considera no presentada.
b) Se archiva el expediente.
c) Se le requiere para que subsane.
d) Se inadmite de plano.

12. El derecho a la subsanación de solicitudes está reconocido en:

a) La Ley 40/2015, de 1 de octubre, de Régimen Jurídico del Sector Público.
b) La Constitución Española.
c) La Ley 2/2010, de 11 de marzo, de Castilla y León.
d) La Ley 39/2015, de 1 de octubre, del Procedimiento Administrativo Común de las Administraciones Públicas.

13. La obligación de la Administración de resolver expresamente los procedimientos administrativos deriva de:

a) El principio de eficacia.
b) La Ley 39/2015, de 1 de octubre.
c) El principio de publicidad.
d) El Estatuto de Autonomía de Castilla y León.

14. La Ley 2/2010, de 11 de marzo, de Castilla y León, establece que los derechos de la ciudadanía deben interpretarse conforme al principio de:

a) Seguridad jurídica.
b) Legalidad estricta.
c) Interpretación más favorable al ejercicio de los derechos.
d) Coordinación administrativa.

15. El principio de confianza legítima implica:

a) La imposibilidad de modificar actos administrativos.
b) La protección de expectativas razonables generadas por la actuación administrativa.
c) La vinculación absoluta a precedentes administrativos.
d) La renuncia al ejercicio de potestades públicas.

En MADTEST tienes **más preguntas de este tema**, y todos tus avances quedan registrados y se reflejan en el ranking.

¡Supera tus límites con MADTEST!

Solución al test n.º 20

1. a) Eficacia.

2. b) El derecho a una actuación administrativa eficaz, imparcial y orientada a la ciudadanía.

3. c) La Ley 39/2015, de 1 de octubre, del Procedimiento Administrativo Común de las Administraciones Públicas.

4. a) Identificar a las autoridades y al personal responsable de la tramitación.

5. c) Interoperabilidad entre Administraciones Públicas.

6. d) Un Punto de Acceso General electrónico.

7. c) Las personas interesadas en el procedimiento.

8. d) Identificar a las autoridades y al personal responsable de la tramitación.

9. a) Las personas jurídicas.

10. b) Pueden elegir el medio de relación con la Administración.

11. c) Se le requiere para que subsane.

12. d) La Ley 39/2015, de 1 de octubre, del Procedimiento Administrativo Común de las Administraciones Públicas.

13. b) La Ley 39/2015, de 1 de octubre.

14. c) Interpretación más favorable al ejercicio de los derechos.

15. b) La protección de expectativas razonables generadas por la actuación administrativa.

Las oficinas de asistencia en materia de registros de la Administración de la Comunidad de Castilla y León: Organización y funcionamiento. Funciones

1. A partir de la entrada en funcionamiento del Registro Electrónico General siguiendo lo previsto en la LPACAP, los registros asistidos por la actual red de oficinas en materia de registros, no desaparecerán pero pasarán a denominarse:

a) Oficinas de asistencia en materia de registros.
b) Oficinas auxiliares de registro.
c) Oficinas generales de registro.
d) Oficinas secundarias de registro.

2. Los registros electrónicos de las Administraciones Públicas deben permitir la presentación de solicitudes, escritos y comunicaciones:

a) Los mismos días hábiles que el resto de registros.
b) En el horario de presencia de los funcionarios a su cargo.
c) Al menos 12 horas al día, todos los días lectivos.
d) Todos los días del año durante las 24 horas.

3. En las disposiciones de creación de registros electrónicos no es necesario especificar:

a) Los días declarados como inhábiles.
b) La caducidad del registro.
c) El órgano o unidad responsable de su gestión.
d) La fecha y hora oficial.

4. El proceso tecnológico que permite convertir un documento en soporte papel o en otro soporte no electrónico en un fichero electrónico que contiene la imagen codificada, fiel e íntegra del documento, se conoce en la LPACAP como:

a) Automatización.
b) Fotocopiado.

c) Autenticación.
d) Digitalización.

5. En relación al funcionamiento del registro electrónico, es cierto que:

a) Permitirá la presentación de documentos todos los días hábiles del año durante la jornada laboral de su personal.
b) El inicio del cómputo de los plazos que hayan de cumplir las Administraciones Públicas vendrá determinado por la fecha y hora de presentación en el registro electrónico de cada Administración u Organismo.
c) Los documentos se considerarán presentados por el orden de hora efectiva en el que fueron aceptados por el funcionario habilitado al efecto.
d) El registro electrónico de cualquier Administración u Organismo se regirá a efectos de cómputo de los plazos, por la fecha y hora oficial indicada por el Central European Time.

6. ¿Qué calendario de días inhábiles se aplicará en los registros electrónicos a efectos del cómputo de plazos?

a) El que se publique al efecto en el Boletín Oficial del Estado para todos los registros.
b) El que se publique al efecto en el boletín oficial de la Comunidad Autónoma para todos los registros ubicados en ella.
c) El que determine la sede electrónica del registro de cada Administración Pública u Organismo.
d) El que determine la sede electrónica del ayuntamiento en cuyo municipio se ubique el registro.

7. A efectos del cómputo de plazo fijado en días hábiles o naturales, y en lo que se refiere a cumplimiento de plazos por los interesados, la presentación en un registro electrónico de una solicitud en un día inhábil:

a) Se entenderá efectuada en ese mismo momento, puesto que el registro electrónico no tiene días inhábiles.
b) Se entenderá realizada en la primera hora del primer día hábil siguiente, salvo que una norma permita expresamente la recepción en día inhábil.
c) Se entenderá realizada en la misma hora que se ha efectuado, pero del primer día hábil siguiente.
d) No tiene validez.

8. Señalar la opción incorrecta. En todo caso, las disposiciones de creación de registros electrónicos especificarán:

a) El órgano o unidad responsable de su gestión.
b) La fecha y hora oficial.
c) Los días declarados como inhábiles.
d) Los medios electrónicos permitidos.

10. Aquellos documentos e informaciones cuyo régimen especial establezca una forma de presentación en el registro distinta a la que se haya utilizado:

a) No se tendrán por presentados.

b) Paralizarán el procedimiento hasta que sean presentados reglamentariamente.

c) Solo producirán efectos si el instructor ve necesaria su inclusión.

d) Se tendrán por presentados pero no podrán generar derechos.

11. La asistencia presencial, como conjunto de medios puestos a disposición de la ciudadanía en orden a facilitar el ejercicio de sus derechos y el cumplimiento de sus obligaciones en sus relaciones con la Administración de la Comunidad de Castilla y León, se regirá por una serie de principios que enumera el artículo 3 del *Decreto 13/2021, de 20 de mayo, por el que se regulan las oficinas de asistencia en materia de registros de la Administración de la Comunidad de Castilla y León*, entre los que no figura el siguiente:

a) Servicio efectivo, gratuito y universal.

b) Atención personal, amable, confidencial y respetuosa, adaptada a las circunstancias físicas, psíquicas, sensoriales, sociales y culturales.

c) Proactividad.

d) Calidad y evaluación continua.

12. ¿Cómo se denominan las oficinas autonómicas que prestan la atención presencial a la ciudadanía en el ámbito provincial de la Administración de la Comunidad de Castilla y León?

a) Oficinas generales de asistencia en materia de registros.

b) Oficinas provinciales de atención a la ciudadanía.

c) Puntos de asistencia en materia de registros.

d) Puntos de atención y asistencia al ciudadano.

13. ¿Cuáles son las oficinas autonómicas en materia de registros que existirán en las dependencias administrativas pertenecientes a las delegaciones territoriales que, por razones de servicio público y eficacia administrativa, se ubican en localidades distintas a la capital de la provincia?

a) Los puntos delegados de atención y asistencia al ciudadano.

b) Los puntos de asistencia en materia de registros.

c) Las oficinas territoriales de asistencia en materia de registros.

d) Las oficinas generales de asistencia en materia de registros.

14. Según el artículo 10 del Decreto 13/2021, las oficinas departamentales asistirán a la ciudadanía en materia de registro:

a) Los días hábiles, de lunes a viernes de 8.30 h a 14.30 h, y de lunes a jueves, de 16.30 h a 18.30 h.

b) Los días hábiles de 8.30 a 14.30 horas.

c) Los días hábiles en horario de 9 a 14 horas.

d) Los días hábiles, de lunes a viernes de 9 a 14 horas y de 16.30 a 18.30 horas.

15. Según el artículo 5 del Decreto 13/2021, las oficinas de asistencia en materia de registros tienen naturaleza de:

a) Unidad administrativa.

b) Servicio administrativo.

c) Órgano superior.

d) Órgano administrativo.

En MADTEST tienes **más preguntas de este tema**, y todos tus avances quedan registrados y se reflejan en el ranking.

¡Supera tus límites con MADTEST!

Solución al test n.º 21

1. a) Oficinas de asistencia en materia de registros.

2. d) Todos los días del año durante las 24 horas.

3. b) La caducidad del registro.

4. d) Digitalización.

5. b) El inicio del cómputo de los plazos que hayan de cumplir las Administraciones Públicas vendrá determinado por la fecha y hora de presentación en el registro electrónico de cada Administración u Organismo.

6. c) El que determine la sede electrónica del registro de cada Administración Pública u Organismo.

7. b) Se entenderá realizada en la primera hora del primer día hábil siguiente, salvo que una norma permita expresamente la recepción en día inhábil.

8. d) Los medios electrónicos permitidos.

9. c) Canales.

10. a) No se tendrán por presentados.

11. d) Calidad y evaluación continua.

12. a) Oficinas generales de asistencia en materia de registros.

13. b) Los puntos de asistencia en materia de registros.

14. c) Los días hábiles en horario de 9 a 14 horas.

15. d) Órgano administrativo.

La Administración Electrónica en las funciones de información y atención al ciudadano. El Servicio de Atención al Ciudadano 012. El portal web de la Junta de Castilla y León

1. Según el artículo 36.1 de la Ley 39/2015 (LPACAP), los actos administrativos se producirán por escrito a través de medios electrónicos:

a) En cualquier caso.
b) A menos que su naturaleza permita otra forma de expresión y constancia.
c) A menos que su naturaleza exija otra forma más adecuada de expresión y constancia.
d) A menos que el órgano instructor autorice otra forma más adecuada de expresión y constancia.

2. Según el artículo 2 del RD 203/2021, la capacidad de las Administraciones Públicas para que, partiendo del conocimiento adquirido del usuario final del servicio, proporcionen servicios precumplimentados y se anticipen a las posibles necesidades de los mismos, está basada en el principio de personalización y:

a) Proporcionalidad.
b) Proactividad.
c) Interoperabilidad.
d) Adaptabilidad al progreso.

3. ¿Qué principio enunciado en el RD 203/2021, determina que el diseño de los servicios electrónicos esté centrado en las personas usuarias, de forma que se minimice el grado de conocimiento necesario para el uso del servicio?

a) Principio de adaptabilidad al progreso.
b) Principio de accesibilidad.
c) Principio de facilidad de uso.
d) Principio de interoperabilidad.

4. ¿En qué casos la Administración autonómica puede imponer la obligación de relacionarse por medios electrónicos?

a) Para cualquier trámite administrativo.
b) Para aquellos ciudadanos sin recursos.
c) Para ciertos colectivos que acrediten capacidad económica y técnica.
d) Solo para ciudadanos extranjeros.

5. NO es una función de las Oficinas Generales, Departamentales y Puntos de Asistencia en materia de Registros de la Administración de la Comunidad de Castilla y León:

a) Registro de entrada de documentos presentados por ciudadanos.
b) Asesoramiento jurídico para litigios en curso.
c) Suministro del código de identificación del órgano administrativo.
d) Información sobre procedimientos administrativos.

6. ¿Qué funciones de la atención personalizada a los ciudadanos tienen por objeto facilitar a estos la orientación y ayuda que precisen en el momento inicial de su visita, y, en particular, la relativa a la localización de dependencias y funcionarios?

a) Funciones de recepción de las iniciativas o sugerencias formuladas por los ciudadanos.
b) Funciones de orientación e información.
c) Funciones de recepción y acogida a los ciudadanos.
d) Funciones de asistencia a los ciudadanos en el ejercicio del derecho de petición.

7. En la atención personalizada al ciudadano, las funciones de gestión, en relación con los procedimientos administrativos, ¿comprenderá la recepción de la documentación inicial de un expediente?

a) No, en ningún caso.
b) Sí, en todo caso.
c) Sí, siempre que se trate de procedimientos urgentes.
d) Sí, cuando así se haya dispuesto reglamentariamente.

8. Según el artículo 41.1 de la LRJSP, se entiende por actuación administrativa automatizada:

a) Cualquier acto o actuación realizada íntegramente a través de medios electrónicos por una Administración Pública en el marco de un procedimiento administrativo y en la que no haya intervenido de forma directa un empleado público.
b) Cualquier acto o actuación realizada al menos en parte a través de medios electrónicos por una Administración Pública en el marco de un procedimiento administrativo y en la que no haya intervenido de forma directa un empleado público.

c) Cualquier acto o actuación realizada íntegramente a través de medios electrónicos por una Administración Pública en el marco de un procedimiento administrativo y en la que haya intervenido de forma directa un empleado público.

d) Cualquier acto o actuación realizada al menos en parte a través de medios electrónicos por una Administración Pública en el marco de un procedimiento administrativo y en la que haya intervenido de forma directa un empleado público.

9. En relación con la firma electrónica del personal al servicio de las Administraciones Públicas, es cierto que:

a) En ningún caso, los sistemas de firma electrónica podrán referirse solo el número de identificación profesional del empleado público.

b) La actuación de una Administración Pública, órgano, organismo público o entidad de derecho público, cuando utilice medios electrónicos, se realizará mediante firma electrónica del titular del órgano o empleado público.

c) Cada Administración Pública determinará los sistemas de firma electrónica que debe utilizar su personal, los cuales deberán identificar de forma separada al titular del puesto de trabajo o cargo y a la Administración u órgano en la que presta sus servicios.

d) Con el fin de favorecer la interoperabilidad y posibilitar la verificación automática de la firma electrónica de los documentos electrónicos, cuando una Administración utilice sistemas de firma electrónica distintos de aquellos basados en certificado electrónico reconocido o cualificado, para remitir o poner a disposición de otros órganos, organismos públicos, entidades de Derecho Público o Administraciones la documentación firmada electrónicamente, deberá superponer un sello electrónico basado en un certificado electrónico reconocido.

10. Conforme al artículo 9.2 de la LPACAP, los interesados podrán identificarse electrónicamente ante las Administraciones Públicas a través de cualquier sistema que cuente con un registro previo como usuario que permita garantizar su:

a) Identidad.
b) Motivación.
c) Consentimiento.
d) Ubicación.

11. Una condición para que pueda realizarse válidamente la identificación o firma electrónica en el procedimiento administrativo del interesado por un funcionario público mediante el uso del sistema de firma electrónica del que esté dotado para ello, es que:

a) El interesado disponga de los medios electrónicos necesarios.
b) El interesado esté obligado a relacionarse con la Administración por medios electrónicos.
c) El interesado se identifique ante el funcionario y preste su consentimiento expreso para esta actuación.
d) El interesado sea una persona física o jurídica.

12. Procedimiento de verificación de la identidad digital de un sujeto en sus interacciones en el ámbito digital:

a) Identificación.
b) Autenticación.
c) Certificación.
d) Cualificación.

13. Los poderes inscritos en el _registro electrónico general de apoderamientos_ tendrán una validez determinada máxima, a contar desde la fecha de inscripción, de:

a) 3 años.
b) 4 años.
c) 5 años.
d) Indefinida.

14. La actuación de una Administración Pública, órgano, organismo público o entidad de derecho público, cuando utilice medios electrónicos, se realizará mediante firma electrónica del titular del órgano o empleado público a través del que se ejerza la competencia. A este respecto, es cierto que:

a) Cada Administración Pública determinará los sistemas de firma electrónica que debe utilizar su personal, los cuales habrán de identificar de forma conjunta al titular del puesto de trabajo o cargo y a la Administración u órgano en la que presta sus servicios.
b) Los sistemas de firma electrónica podrán referirse solo el número de identificación profesional del empleado público.
c) Los certificados electrónicos de empleado público serán cualificados y se ajustarán a lo señalado en el Esquema Nacional de Interoperabilidad y la legislación vigente en materia de identidad y firma electrónica.
d) En ningún caso se podrá solicitar la revelación de la identidad del titular de un certificado de empleado público con número de identificación profesional.

15. El acceso por el interesado, debidamente identificado, al contenido de la actuación administrativa correspondiente a través de la sede electrónica del órgano u organismo público actuante:

a) Es una manera válida de notificar, por comparecencia electrónica.
b) No es un medio de notificación autorizado reglamentariamente.
c) Tendrá efectos de notificación si el interesado manifiesta expresamente su consentimiento.
d) Siempre se entenderá como practicada la notificación, aunque no quede constancia de dicho acceso.

En MADTEST tienes **más preguntas de este tema**, y todos tus avances quedan registrados y se reflejan en el ranking.

¡Supera tus límites con MADTEST!

Solución al test n.º 22

1. c) A menos que su naturaleza exija otra forma más adecuada de expresión y constancia.

2. b) Proactividad.

3. c) Principio de facilidad de uso.

4. c) Para ciertos colectivos que acrediten capacidad económica y técnica.

5. b) Asesoramiento jurídico para litigios en curso.

6. c) Funciones de recepción y acogida a los ciudadanos.

7. d) Sí, cuando así se haya dispuesto reglamentariamente.

8. a) Cualquier acto o actuación realizada íntegramente a través de medios electrónicos por una Administración Pública en el marco de un procedimiento administrativo y en la que no haya intervenido de forma directa un empleado público.

9. b) La actuación de una Administración Pública, órgano, organismo público o entidad de derecho público, cuando utilice medios electrónicos, se realizará mediante firma electrónica del titular del órgano o empleado público.

10. a) Identidad.

11. c) El interesado se identifique ante el funcionario y preste su consentimiento expreso para esta actuación.

12. b) Autenticación.

13. c) 5 años.

14. c) Los certificados electrónicos de empleado público serán cualificados y se ajustarán a lo señalado en el Esquema Nacional de Interoperabilidad y la legislación vigente en materia de identidad y firma electrónica.

15. a) Es una manera válida de notificar, por comparecencia electrónica.

TEST N.º 23

Transparencia de la actividad pública: la publicidad activa y el derecho de acceso a la información pública en Castilla y León. La protección de datos personales: principios y derechos de los interesados y obligaciones de los empleados públicos. Seguridad de la información y protección de datos de la Administración de la Comunidad de Castilla y León: uso de medios digitales y obligaciones del personal

1. Según el artículo 5.4 de la Ley 19/2013, de 9 de diciembre, de transparencia, acceso a la información pública y buen gobierno, la información sujeta a las obligaciones de transparencia será publicada en las correspondientes sedes electrónicas o páginas web:

a) De una manera clara, estructurada y entendible para los interesados.

b) Obligatoriamente, en formatos reutilizables.

c) Previa autorización del órgano inmediatamente superior al responsable de la sede electrónica o página web.

d) En los términos que establezca una ley.

2. En virtud del artículo 5.3 de la Ley 19/2013, cuando la información pública contuviera datos especialmente protegidos, la publicidad solo se llevará a cabo:

a) Previa disociación de los mismos.

b) Previo consentimiento de los afectados.

c) De forma personalizada.

d) De forma codificada.

3. En virtud del artículo 7 de la Ley 19/2013, de 9 de diciembre, de transparencia, acceso a la información pública y buen gobierno, ¿deben publicar las Administraciones Públicas, en el ámbito de sus competencias, las directrices, instrucciones, acuerdos, circulares o respuestas a consultas planteadas por los particulares u otros órganos?

a) No, en ningún caso.

b) Sí, en todo caso.

c) Sí, siempre que no tengan efectos jurídicos.

d) Sí, en la medida en que supongan una interpretación del Derecho o tengan efectos jurídicos.

4. En virtud del artículo 11 de la Ley 19/2013, de 9 de diciembre, de transparencia, acceso a la información pública y buen gobierno, el Portal de la Transparencia proporcionará información estructurada sobre los documentos y recursos de información con vistas a facilitar la identificación y búsqueda de la información, en base al principio de:

a) Interoperabilidad.
b) Accesibilidad.
c) Reutilización.
d) Disponibilidad.

5. La iniciativa normativa de las Administraciones Públicas debe evitar cargas administrativas innecesarias o accesorias y racionalizar la gestión de los recursos públicos, en aplicación del principio de:

a) Accesibilidad.
b) Eficacia.
c) Simplicidad.
d) Seguridad jurídica.

6. La transparencia de la actividad pública, respecto a la casa de su Majestad el Rey:

a) No se aplica.
b) Se aplica en todas sus actividades.
c) Se aplica en sus actividades sujetas al Derecho Administrativo.
d) Se aplica solo en sus actividades de índole política.

7. Para que se aplique la Ley 19/2013 a sociedades mercantiles, la participación en las mismas de entidades de Derecho Público debe ser superior al:

a) 10 por 100.
b) 20 por 100.
c) 50 por 100.
d) No se aplica en caso alguno dicha ley a este tipo de sociedades.

8. Si la información pública solicitada incluyese datos personales que hagan referencia a la salud:

a) Solo se concederá el acceso previa ponderación suficientemente razonada del interés público en la divulgación de la información y los derechos de los afectados cuyos datos aparezcan en la información solicitada.
b) Solo podrá autorizarse el acceso al propio afectado o a su representante.
c) Solo se podrá autorizar el acceso en caso de que se cuente con el consentimiento expreso del afectado.
d) Solo se podrá autorizar el acceso en caso de que se cuente con el consentimiento expreso del afectado o si el acceso estuviera amparado por una norma con rango de ley.

9. Según lo previsto en el artículo 18 de la Ley 19/2013, de 9 de diciembre, de transparencia, acceso a la información pública y buen gobierno, se inadmitirán a trámite, mediante resolución motivada, las solicitudes de acceso a la información:

a) Relativas a los intereses económicos y turísticos.

b) Relativas a la garantía de la confidencialidad o el secreto requerido en procesos de toma de decisión.

c) Relativas a información para cuya divulgación sea necesaria una acción previa de reelaboración.

d) Relativas a infraestructuras críticas.

10. Señalar la opción incorrecta. El derecho de acceso a la información pública podrá ser limitado cuando acceder a la información suponga un perjuicio para:

a) Los intereses económicos y comerciales.

b) La garantía de la confidencialidad o el secreto requerido en procesos de toma de decisión.

c) El honor de los funcionarios o cargos directivos.

d) La protección del medio ambiente.

11. Señalar la opción incorrecta. La solicitud de acceso a la información pública podrá presentarse por cualquier medio que permita tener constancia de:

a) La identidad del solicitante.

b) La información que se solicita.

c) Una dirección de contacto, preferentemente electrónica, a efectos de comunicaciones.

d) La motivación de la solicitud.

12. No es una causa de inadmisión de las solicitudes de acceso a la información pública:

a) Que se refieran a información que esté en curso de elaboración o de publicación general.

b) Que se dirijan a un órgano en cuyo poder no obre la información.

c) Que sean manifiestamente repetitivas.

d) Que se refieran a información para cuya divulgación sea necesaria una acción previa de reelaboración.

13. Cuando la solicitud de información pública no identifique de forma suficiente la información, se pedirá al solicitante que la concrete en un plazo de:

a) 10 días.

b) 15 días.

c) 20 días.

d) 30 días.

14. En relación a la solicitud de acceso a la información pública, es cierto que:

a) Los solicitantes de información podrán dirigirse a las Administraciones Públicas en cualquiera de las lenguas cooficiales del Estado en el territorio en el que radique la Administración en cuestión.

b) El solicitante está obligado a motivar su solicitud de acceso a la información.

c) El solicitante podrá exponer los motivos por los que solicita la información, en cuyo caso deberán ser tenidos en cuenta cuando se dicte la resolución.

d) La ausencia de motivación será por si sola causa de rechazo de la solicitud.

15. Conforme al artículo 18.1 de la Ley 19/2013, las solicitudes referidas a información que tenga carácter auxiliar o de apoyo como la contenida en notas, borradores, opiniones, resúmenes, comunicaciones e informes internos o entre órganos o entidades administrativas:

a) Están obligadas a indicar el motivo de la solicitud.

b) Se admitirán previa ponderación suficientemente razonada del interés público en la divulgación de la información.

c) Se inadmitirán a trámite, mediante resolución motivada.

d) Se entenderán dotadas de un carácter abusivo no justificado con la finalidad de transparencia de esta Ley.

En MADTEST tienes **más preguntas de este tema**, y todos tus avances quedan registrados y se reflejan en el ranking.

¡Supera tus límites con MADTEST!

Solución al test n.º 23

1. a) De una manera clara, estructurada y entendible para los interesados.

2. a) Previa disociación de los mismos.

3. d) Sí, en la medida en que supongan una interpretación del Derecho o tengan efectos jurídicos.

4. b) Accesibilidad.

5. b) Eficacia.

6. c) Se aplica en sus actividades sujetas al Derecho Administrativo.

7. c) 50 por 100.

8. d) Solo se podrá autorizar el acceso en caso de que se cuente con el consentimiento expreso del afectado o si el acceso estuviera amparado por una norma con rango de ley.

9. c) Relativas a información para cuya divulgación sea necesaria una acción previa de reelaboración.

10. c) El honor de los funcionarios o cargos directivos.

11. d) La motivación de la solicitud.

12. b) Que se dirijan a un órgano en cuyo poder no obre la información.

13. a) 10 días.

14. a) Los solicitantes de información podrán dirigirse a las Administraciones Públicas en cualquiera de las lenguas cooficiales del Estado en el territorio en el que radique la Administración en cuestión.

15. c) Se inadmitirán a trámite, mediante resolución motivada.

El concepto de documento. El documento administrativo: concepto y tipos. El documento de apoyo informativo. El expediente: formación y criterios de ordenación. El Archivo de documentos: concepto y clases de archivos. El acceso a los documentos administrativos. Sus limitaciones y formas de acceso

1. Desde el punto de vista administrativo, un documento se caracteriza fundamentalmente porque:

a) Constituye un soporte físico de información archivada.
b) Tiene siempre valor histórico.
c) Es el instrumento básico a través del cual se deja constancia de la actuación administrativa.
d) Se produce de forma aislada.

2. La característica de seriación de los documentos administrativos implica que:

a) Los documentos se producen como resultado de una actividad continuada.
b) Los documentos se conservan de forma permanente.
c) Cada documento tiene un valor jurídico autónomo.
d) Los documentos se agrupan por soporte.

3. La función garantista del documento administrativo se manifiesta en que:

a) Permite el control interno de la actividad administrativa.
b) Asegura la conservación histórica de la documentación.
c) Facilita la interoperabilidad entre Administraciones Públicas.
d) Garantiza los derechos de los ciudadanos frente a la Administración.

4. El principio de autenticidad de los documentos administrativos electrónicos garantiza principalmente:

a) La conservación durante los plazos legales.
b) La identificación del órgano o persona autora del documento.

c) El acceso público a la información.
d) La disponibilidad permanente del documento.

5. El principio de integridad de los documentos administrativos electrónicos implica que:

a) El documento pueda ser reutilizado.
b) El documento refleje fielmente la actuación administrativa.
c) El documento sea accesible a través de la sede electrónica.
d) El contenido del documento no haya sido alterado desde su emisión.

6. La fiabilidad de un documento administrativo hace referencia a que:

a) Puede intercambiarse entre Administraciones.
b) Está firmado electrónicamente.
c) Constituye una evidencia válida y exacta de la actuación administrativa.
d) Tiene valor histórico.

7. El principio de disponibilidad exige que los documentos administrativos:

a) Se conserven en archivos históricos.
b) Sean accesibles a todos los ciudadanos.
c) Puedan ser localizados y recuperados cuando sea necesario.
d) Sean emitidos en soporte electrónico.

8. La edad administrativa de los documentos se caracteriza porque:

a) Predomina el valor histórico.
b) El documento tiene pleno valor administrativo y uso frecuente.
c) Los documentos se conservan en archivos históricos.
d) Se inicia la valoración documental.

9. En la edad intermedia de los documentos:

a) Se produce la eliminación inmediata.
b) El documento pierde todo valor administrativo.
c) El documento puede ser necesario para consultas esporádicas o defensa de derechos.
d) El documento adquiere valor cultural.

10. Son documentos administrativos aquellos que:

a) Tienen valor informativo.
b) Son emitidos por personas físicas.
c) Se incorporan a archivos históricos.
d) Son válidamente emitidos por las Administraciones Públicas en el ejercicio de sus competencias.

11. Conforme a la LPACAP, con carácter general los documentos administrativos deberán emitirse:

a) En soporte papel.
b) Por escrito y por medios electrónicos.
c) En formato audiovisual.
d) En soporte informático sin identificación.

12. Los documentos de decisión se caracterizan porque:

a) Comunican hechos.
b) Contienen una declaración de voluntad de un órgano administrativo.
c) Acreditan hechos o circunstancias.
d) Expresan juicios técnicos.

13. Es un documento de constancia:

a) Informe.
b) Resolución.
c) Certificado.
d) Oficio.

14. Los informes preceptivos se caracterizan porque:

a) Son siempre vinculantes.
b) Su solicitud es obligatoria por exigencia normativa.
c) Se emiten por órganos externos.
d) Forman parte de la documentación de apoyo informativo.

15. El encabezamiento de un documento oficial contiene, entre otros elementos:

a) La rúbrica.
b) El cuerpo del texto.
c) Los datos identificativos del documento.
d) La firma electrónica.

En MADTEST tienes **más preguntas de este tema**, y todos tus avances quedan registrados y se reflejan en el ranking.

¡Supera tus límites con MADTEST!

Solución al test n.º 24

1. c) Es el instrumento básico a través del cual se deja constancia de la actuación administrativa.

2. a) Los documentos se producen como resultado de una actividad continuada.

3. d) Garantiza los derechos de los ciudadanos frente a la Administración.

4. b) La identificación del órgano o persona autora del documento.

5. d) El contenido del documento no haya sido alterado desde su emisión.

6. c) Constituye una evidencia válida y exacta de la actuación administrativa.

7. c) Puedan ser localizados y recuperados cuando sea necesario.

8. b) El documento tiene pleno valor administrativo y uso frecuente.

9. c) El documento puede ser necesario para consultas esporádicas o defensa de derechos.

10. d) Son válidamente emitidos por las Administraciones Públicas en el ejercicio de sus competencias.

11. b) Por escrito y por medios electrónicos.

12. b) Contienen una declaración de voluntad de un órgano administrativo.

13. c) Certificado.

14. b) Su solicitud es obligatoria por exigencia normativa.

15. c) Los datos identificativos del documento.

Informática básica. Principales componentes de un ordenador. Sistemas operativos: especial referencia a Windows 11. El explorador de Windows 11. Gestión de carpetas y archivos. Nociones básicas de seguridad informática

1. ¿Cuál de las siguientes opciones no es un permiso de usuario autentificado en una carpeta de Windows 11?

a) Lectura y escritura.
b) Lectura y ejecución.
c) Mostrar el contenido de la carpeta.
d) Modificar.

2. ¿Cuál es la combinación de teclas que hace que se abra una nueva ventana en el explorador de archivos?

a) Ctrl + N.
b) Ctrl + F.
c) Alt + N.
d) Alt + F.

3. ¿Cuál es la acción que realiza en el explorador de archivos la combinación de teclas Alt + Flecha arriba?

a) Ver la carpeta siguiente.
b) Ver la carpeta que contenía la carpeta seleccionada.
c) Ver la carpeta anterior.
d) Abrir el cuadro de diálogo Propiedades del elemento seleccionado.

4. En la frase: "Es posible que hayamos empezado a cortar un archivo y cambiemos de opinión y no queramos moverlo. No pasa nada, pulsamos la tecla _____ para indicar que no vamos a continuar". ¿A qué tecla se refiere?

a) Esc.
b) Tab.

c) Ctrl.
d) Alt + Shift.

5. ¿A cuánto equivalen 762 Kb?

a) 780.831 bits.
b) 780.831 Kbytes.
c) 780.831 Mbytes.
d) 780.831 bytes.

6. ¿Cuál es la combinación de teclas que hace que se seleccione la barra de direcciones en el explorador de archivos?

a) Ctrl + D.
b) Ctrl + F.
c) Alt + D.
d) Alt + E.

7. Desde un punto de restauración, ¿a cuál de los siguientes elementos, instalados después de crear el punto de restauración, no afecta la restauración del sistema Windows?

a) A las aplicaciones.
b) A los archivos personales.
c) A los controladores.
d) A las actualizaciones.

8. ¿Cuál de los siguientes símbolos no pueden usarse en el nombre de un archivo de Windows?

a) \ ?
b) @ ?
c) < $
d) < > &

9. ¿Qué combinación de teclas me permite volver a las carpetas anteriores en el historial del Explorador de archivos de Windows?

a) Alt + Flecha izquierda.
b) Ctrl + S.
c) Windows ▦ + U.
d) Ctrl + Flecha izquierda.

10. En la opción "Este Equipo" del explorador de Windows, además de las carpetas por defecto, encontraré información de:

a) Conexiones de Red.
b) Unidades de disco.

c) Nuevos Elementos.
d) Carpetas favoritas.

11. En el Explorador de Windows 11:

a) Hay Cinta de Opciones, Caja de direcciones y panel de navegación.
b) Hay Cinta de Opciones, Caja de Búsqueda y panel de direcciones.
c) Hay Cinta de Opciones, Caja de navegación y panel de búsqueda.
d) Hay Cinta de Opciones, Caja de Búsqueda y panel de navegación.

12. Windows PowerShell:

a) Es la nueva ayuda en Windows 11.
b) Es el nuevo gestor de arranque del sistema.
c) Es una versión mejorada del intérprete de comandos DOS.
d) Es una forma de llamar al sistema operativo MSDos.

13. En Windows 11 queremos refrescar el contenido de la ventana activa. ¿Qué tecla o teclas de acceso rápido utilizaremos?

a) F5.
b) Ctr + X.
c) Alt + F4.
d) Ctrl + Alt + Tab.

14. ¿Cuál de los siguientes son todos modos de captura de la herramienta Recortes?

a) Forma Libre, rectangular y circular.
b) Forma Libre, ventana y línea.
c) Forma Libre, circular y ventana.
d) Forma Libre, rectangular y ventana.

15. Al realizar una búsqueda avanzada desde el explorador de Windows 11, en el tamaño, cual no es una opción correcta:

a) Minúsculo.
b) Mediano.
c) Muy grande.
d) Gigantesco.

En MADTEST tienes **más preguntas de este tema**, y todos tus avances quedan registrados y se reflejan en el ranking.

¡Supera tus límites con MADTEST!

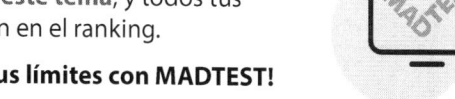

Solución al test n.º 25

1. a) Lectura y escritura.

2. a) Ctrl + N.

3. b) Ver la carpeta que contenía la carpeta seleccionada.

4. a) Esc.

5. d) 780.831 bytes.

6. c) Alt + D.

7. b) A los archivos personales.

8. a) \ ?

9. a) Alt + Flecha izquierda.

10. b) Unidades de disco.

11. d) Hay Cinta de Opciones, Caja de Búsqueda y panel de navegación.

12. c) Es una versión mejorada del intérprete de comandos DOS.

13. a) F5.

14. d) Forma Libre, rectangular y ventana.

15. c) Muy grande.

Sistemas ofimáticos colaborativos. Procesadores de textos: Word para Microsoft 365. Hojas de cálculo: Excel para Microsoft 365. Funciones y utilidades

1. ¿Desde qué pestaña de la cinta de opciones de Word podremos comparar dos versiones de un documento?

a) Inicio.
b) Referencias.
c) Word no nos permite realizar esa acción.
d) Revisar.

2. ¿Cuál de las siguientes relaciones entre opción y grupo no es correcta?

a) Tachado y Fuente.
b) Interlineado y Párrafo.
c) Espaciado y Párrafo.
d) Hipervínculo y Referencias.

3. La alineación es un comando de Word 365 que afecta a:

a) La selección de texto.
b) La dirección del texto.
c) El interlineado del texto.
d) Los párrafos.

4. ¿En qué ficha y grupo está la opción para utilizar las tabulaciones?

a) Insertar / Tabulaciones.
b) Inicio / Párrafo/ botón cuadro diálogo Párrafo.
c) Inicio / formato / Tabulaciones.
d) Inicio / Tabulaciones.

5. En Word, ¿cuál es la diferencia entre pulsar INTRO y pulsar las teclas Mayúsculas + Intro?

a) Intro indica párrafo nuevo y Mayúsculas + Intro indica salto de línea.
b) No hay diferencias para Word.
c) Intro indica párrafo nuevo, y Mayúsculas + Intro indica salto de sección.
d) Intro indica salto de línea nuevo, y Mayúsculas + Intro indica salto de sección.

6. El botón Borrar Formato en Word:

a) Borra todo el Formato de la selección.
b) Deja el texto sin formato y lo elimina.
c) Funciona haciendo doble clic.
d) Ese botón existe en Excel, pero no en Word.

7. Los sangrados en Word:

a) Definen el límite izquierdo de los párrafos de un documento, pero no el derecho.
b) Definen el límite derecho de los párrafos de un documento, pero no el izquierdo.
c) Definen el límite izquierdo y el límite derecho de los párrafos de un documento.
d) Definen el límite izquierdo de los párrafos de un documento y el estado de la primera línea de cada uno.

8. La carta modelo en un proceso de combinar correspondencia de Word:

a) Tendrá la tabla de datos para combinar.
b) No tendrá los campos de combinación.
c) Incluirá el texto que no varía.
d) Tendrá tantas hojas como datos se combinen.

9. El método más rápido para acceder a las opciones de la cinta de opciones de Word 365 es hacer un clic con el ratón sobre ellas; si queremos acceder a las distintas opciones de los paneles y menús a partir del teclado, podemos pulsar la tecla:

a) F1.
b) Shift.
c) Ctrl.
d) Alt.

10. La combinación de teclas para la alineación centrada es:

a) Ctrl + T
b) Ctrl + Q
c) Ctrl + J
d) Ctrl + Alt + C

11. El interlineado se puede definir como:

a) El espacio que hay entre los párrafos de un documento.
b) El espacio que hay entre los caracteres de un párrafo.
c) El espacio que hay entre los párrafos seleccionados.
d) El espacio que hay entre una y otra línea de un mismo párrafo.

12. ¿En qué menú de Word 365 se encuentra la opción Marcas de Agua?

a) Insertar.
b) Diseño.
c) Disposición.
d) Inicio.

13. ¿Qué combinación de teclas nos lleva en Word 365 al menú de impresión?

a) Alt + Ctrl + R
b) Alt + Ctrl + V
c) Alt + Ctrl + I
d) Alt + Ctrl + D

14. La sangría francesa:

a) Controla el límite izquierdo de todas las líneas del párrafo menos la segunda.
b) Controla el límite izquierdo de todas las líneas del párrafo menos la última.
c) Controla el límite izquierdo de todas las líneas del párrafo menos la primera.
d) Controla el límite derecho de todas las líneas del párrafo menos la segunda.

15. Para disminuir un nivel en una lista Multinivel de Word 365 pulsamos:

a) Mayúsculas + Control.
b) Mayúsculas + Ins.
c) Mayúsculas + L.
d) Ninguna es correcta.

Solución al test n.º 26

1. d) Revisar.

2. d) Hipervínculo y Referencias.

3. d) Los párrafos.

4. b) Inicio / Párrafo/ botón cuadro diálogo Párrafo.

5. a) Intro indica párrafo nuevo y Mayúsculas + Intro indica salto de línea.

6. a) Borra todo el Formato de la selección.

7. c) Definen el límite izquierdo y el límite derecho de los párrafos de un documento.

8. c) Incluirá el texto que no varía.

9. d) Alt.

10. a) Ctrl + T

11. d) El espacio que hay entre una y otra línea de un mismo párrafo.

12. b) Diseño.

13. c) Alt + Ctrl + I

14. c) Controla el límite izquierdo de todas las líneas del párrafo menos la primera.

15. d) Ninguna es correcta.

**Correo electrónico: conceptos elementales y funcionamiento.
La red Internet: conceptos elementales y servicios**

Capítulo 1. Correo electrónico: conceptos elementales y funcionamiento

1. Indica cuál de las siguientes se considera una dirección de correo válida:

a) persona@proveedorcom
b) www.proveedor.com
c) persona.proveedor.com
d) cta@cts.es

2. La parte de la izquierda de una dirección de correo electrónico se denomina:

a) Dominio.
b) Organización.
c) Dominio de organización.
d) Nombre de Usuario.

3. Los clientes de correo POP:

a) Tienen que estar conectados todo el tiempo.
b) Los mensajes se descargan de golpe si están disponibles.
c) Los mensajes se descargan parcialmente aun sin estar disponibles.
d) Tienen que estar conectados a intervalos de 15'.

4. ¿Qué es un hoax?

a) Un bulo o noticia falsa.
b) Suplantación de identidad.

c) Un virus.
d) Un error de configuración en el navegador.

5. El protocolo SMTP:

a) Permite recibir mensajes.
b) Permite enviar mensajes.
c) Permite enviar y recibir mensajes.
d) No es un protocolo.

Capítulo 2. Redes de comunicaciones e Internet

1. El nacimiento de Internet se dio en:

a) Los años 80.
b) A raíz de la guerra fría.
c) A raíz de la conquista del espacio.
d) Ninguna de las anteriores.

2. Uno de los grandes cambios en la humanidad que se han producido gracias a Internet se podría decir que es:

a) La facilidad para realizar tareas.
b) La facilidad para realizar cálculos complejos.
c) La globalidad y la facilidad de llevar información en poco tiempo a lugares lejanos.
d) Ninguna de las anteriores se puede considerar un gran cambio.

3. Indica la abreviatura correcta de "Línea de abonado digital asimétrica":

a) HTTP.
b) FTP.
c) ADLS.
d) ADSL.

4. Para devolver resultados a partir de datos introducidos, las páginas usan:

a) GIC.
b) CIG.
c) CGI.
d) Ninguna de las anteriores.

5. Para bloquear el acceso a usuarios indeseados usaremos:

a) Exploradores.
b) Cookies.

c) Firewall.
d) Ninguna de las anteriores.

6. Un sistema de conversación en línea que actualmente está en desuso es:

a) Emails.
b) Blogs.
c) IRC.
d) Ninguna de las anteriores.

7. Una de las características del protocolo TCP es:

a) Se usa para enviar emails.
b) Cada paquete lleva la dirección de destino.
c) Se usa para recibir emails.
d) Ninguna de las anteriores.

8. En el protocolo TCP el destino:

a) Recibe todos los paquetes sin comprobarlos.
b) Recibe algunos paquetes y supone los otros.
c) Al recibir los paquetes comprueba que están todos.
d) Ninguna de las anteriores.

9. Una de las formas usadas para evitar agotar las direcciones IP es:

a) No asignar IPs a menos que se cumplan ciertos requisitos.
b) Dividir los sistemas en redes privadas y públicas.
c) No se usa ningún sistema para evitar agotar las direcciones y habrá que buscar alternativas.
d) Ninguna de las anteriores.

10. Lo más valorable en los contenidos de la red debería ser:

a) Complejidad técnica y visual.
b) Rapidez.
c) Simplicidad y claridad de ideas.
d) Ninguna de las anteriores.

En MADTEST tienes **más preguntas de este tema**, y todos tus avances quedan registrados y se reflejan en el ranking.

¡Supera tus límites con MADTEST!

Solución al test n.º 27

Capítulo 1.

1. d) cta@cts.es

2. d) Nombre de usuario.

3. b) Los mensajes se descargan de golpe si están disponibles.

4. a) Un bulo o noticia falsa.

5. b) Permite enviar mensajes.

Capítulo 2.

1. b) A raíz de la guerra fría.

2. c) La globalidad y la facilidad de llevar información en poco tiempo a lugares lejanos.

3. d) ADSL.

4. c) CGI.

5. c) Firewall.

6. c) IRC.

7. b) Cada paquete lleva la dirección de destino.

8. c) Al recibir los paquetes comprueba que están todos.

9. b) Dividir los sistemas en redes privadas y públicas.

10. c) Simplicidad y claridad de ideas.

Conceptos básicos sobre seguridad y salud en el puesto de trabajo. Riesgos y medidas preventivas asociadas al puesto de trabajo a desempeñar

1. ¿Qué se entiende por "riesgo laboral"?

a) La posibilidad de que un trabajador sufra un determinado daño derivado del trabajo.
b) La posibilidad de que un trabajador sufra una enfermedad en el trabajo.
c) La posibilidad de que un trabajador sufra acoso.
d) El riesgo que supone el ir a trabajar.

2. Indica cuál es la definición de prevención:

a) La probabilidad racional de que un riesgo se materialice de forma inminente.
b) El estudio de los procesos potencialmente peligrosos para el trabajo.
c) Conjunto de actividades o medidas adoptadas o previstas en todas las fases de actividad de la empresa con el fin de evitar o disminuir los riesgos derivados del trabajo.
d) Posibilidad de que un trabajador sufra un determinado daño derivado del trabajo.

3. ¿Cuál es la vigente Ley de Prevención de Riesgos Laborales?

a) Ley 32/1995, de 8 de noviembre.
b) Ley 30/1996, de 8 de noviembre.
c) Ley 31/1995, de 6 de noviembre.
d) Ley 31/1995, de 8 de noviembre.

4. Entre los principios de la acción preventiva recogidos por el artículo 15 de la Ley de Prevención de Riesgos Laborales no figura:

a) Evitar los riesgos.
b) Evaluar los riesgos que se puedan evitar.
c) Tener en cuenta la evolución de la técnica.
d) Dar las debidas instrucciones a los trabajadores.

5. Cualquier característica del trabajo que pueda tener una influencia significativa en la generación de riesgos para la seguridad y la salud del trabajador, es:

a) Una condición de trabajo.
b) Un factor de riesgo.
c) Un proceso potencialmente peligroso.
d) Una zona peligrosa.

6. Señala la respuesta incorrecta:

a) La Ley de Prevención de Riesgos Laborales se aplica a los operativos de Seguridad civil en casos de catástrofe.
b) La Ley de Prevención de Riesgos Laborales se aplica a las sociedades cooperativas.
c) En el ámbito de la relación laboral de carácter especial del servicio del hogar familiar, las personas trabajadoras tienen derecho a una protección eficaz en materia de seguridad y salud en el trabajo.
d) En los establecimientos penitenciarios, se adaptarán a la Ley de Prevención de Riesgos Laborales aquellas actividades cuyas características justifiquen una regulación especial.

7. En los casos de concurrencia de trabajadores de varias empresas en un centro de trabajo cuando existe un empresario principal, uno de los deberes de vigilancia por parte de este, consistirá en:

a) Impulsar la regulación de esquemas organizativos, que eviten los accidentes de trabajo.
b) Comprobar que las empresas contratistas y subcontratistas concurrentes en su centro de trabajo han establecido los necesarios medios de coordinación entre ellas.
c) Asegurar la correcta utilización por parte de los trabajadores de las empresas concurrentes de los correspondientes dispositivos de seguridad disponibles.
d) Asegurarse de que los trabajadores concurrentes disponen de la formación preventiva correspondiente.

8. Cuando los trabajadores estén expuestos a un riesgo grave e inminente con ocasión de su trabajo, y el empresario no adopte o no permita la adopción de las medidas necesarias para garantizar la seguridad y la salud de los trabajadores, la Ley 31/1995, de 8 de noviembre, de Prevención de Riesgos Laborales prevé que:

a) Los trabajadores afectados podrán paralizar la actividad.
b) El órgano de representación del personal instará formalmente al empresario a la adopción de las medidas necesarias.
c) Los Delegados de Prevención lo comunicarán a la autoridad laboral, que adoptará las medidas necesarias.
d) El órgano de representación de personal podrá acordar la paralización de la actividad.

9. Según establece el art. 4 de la Ley 31/1995, de 8 de noviembre, de Prevención de Riesgos Laborales, se define como daños derivados del trabajo:

a) La posibilidad de que un trabajador sufra un determinado daño derivado del trabajo.

b) El que resulte probable racionalmente que se materialice en un futuro inmediato y pueda suponer un daño grave para la salud de los trabajadores.

c) Las enfermedades, patologías o lesiones sufridas con motivo u ocasión del trabajo.

d) Cualquier máquina, aparato, instrumento o instalación utilizada en el trabajo.

10. El art. 21 de la LPRL establece los requisitos y el procedimiento para que los representantes legales de los trabajadores acuerden la paralización de la actividad de los trabajadores que están o puedan estar expuestos a un riesgo grave e inminente si el empresario no adopta las medidas necesarias para garantizar la seguridad y salud de los trabajadores. La medida será adoptada por:

a) Acuerdo por mayoría absoluta de sus miembros. Tal acuerdo será comunicado de inmediato a la empresa y a la autoridad laboral, la cual, en el plazo de 48 horas, anulará o ratificará la paralización acordada.

b) Acuerdo por mayoría de 2/3 de sus miembros. Tal acuerdo será comunicado de inmediato a la empresa y a la autoridad laboral, la cual, en el plazo de 24 horas, anulará o ratificará la paralización acordada.

c) Acuerdo por mayoría de sus miembros. Tal acuerdo será comunicado de inmediato a la empresa y a la autoridad laboral, la cual, en el plazo de 48 horas, anulará o ratificará la paralización acordada.

d) Acuerdo por mayoría de sus miembros. Tal acuerdo será comunicado de inmediato a la empresa y a la autoridad laboral, la cual, en el plazo de 24 horas, anulará o ratificará la paralización acordada.

11. El art. 29 de la LPRL establece las obligaciones de los trabajadores en materia de prevención de riesgos. De las siguientes no se considera una obligación del trabajador:

a) Utilizar correctamente los medios y equipos de protección facilitados por el empresario, de acuerdo con las instrucciones recibidas de este.

b) Usar adecuadamente, de acuerdo con su naturaleza y los riesgos previsibles, las máquinas, aparatos, herramientas, sustancias peligrosas, equipos de transporte y, en general, cualesquiera otros medios con los que desarrollen su actividad.

c) Informar de inmediato a su superior jerárquico directo, y a los trabajadores designados para realizar las actualizaciones que consideren oportunas en el equipo de protección individual.

d) No poner fuera de funcionamiento y utilizar correctamente los dispositivos de seguridad existentes o que se instalen en los medios relacionados con su actividad o en los lugares de trabajo en los que esta tenga lugar.

12. Para calificar un riesgo desde el punto de vista de su gravedad, se valorarán conjuntamente la severidad del daño y:

a) La probabilidad de que se produzca.
b) La cantidad de trabajadores de la empresa.
c) La existencia o no de equipos individuales de protección.
d) Las condiciones de trabajo.

13. Podrán realizar el plan de prevención de riesgos laborales, la evaluación de riesgos y la planificación de la actividad preventiva de forma simplificada, en atención a la naturaleza y peligrosidad de las actividades realizadas, empresas cuyo número de trabajadores no exceda de:

a) 30.
b) 50.
c) 80.
d) 100.

14. Los instrumentos esenciales para la gestión y aplicación del Plan de prevención de riesgos laborales son:

a) La evaluación de riesgos y la planificación de la actividad preventiva.
b) La evaluación inicial de riesgos y la formación.
c) La planificación y la gestión de la actividad preventiva.
d) La identificación y la evaluación de los riesgos.

15. El posible cambio de puesto de trabajo con riesgo para una trabajadora embarazada:

a) Deberá realizarse en caso de imposibilidad de adaptación del propio puesto.
b) Se hará previo informe en tal sentido del Servicio de Prevención.
c) Se determinará por el empresario, y dará información a los representantes de los trabajadores.
d) Se extenderá al período de lactancia.

Solución al test n.º 28

1. a) La posibilidad de que un trabajador sufra un determinado daño derivado del trabajo.

2. c) Conjunto de actividades o medidas adoptadas o previstas en todas las fases de actividad de la empresa con el fin de evitar o disminuir los riesgos derivados del trabajo.

3. d) Ley 31/1995, de 8 de noviembre.

4. b) Evaluar los riesgos que se puedan evitar.

5. a) Una condición de trabajo.

6. a) La Ley de Prevención de Riesgos Laborales se aplica a los operativos de Seguridad civil en casos de catástrofe.

7. b) Comprobar que las empresas contratistas y subcontratistas concurrentes en su centro de trabajo han establecido los necesarios medios de coordinación entre ellas.

8. d) El órgano de representación de personal podrá acordar la paralización de la actividad.

9. c) Las enfermedades, patologías o lesiones sufridas con motivo u ocasión del trabajo.

10. d) Acuerdo por mayoría de sus miembros. Tal acuerdo será comunicado de inmediato a la empresa y a la autoridad laboral, la cual, en el plazo de 24 horas, anulará o ratificará la paralización acordada.

11. c) Informar de inmediato a su superior jerárquico directo, y a los trabajadores designados para realizar las actualizaciones que consideren oportunas en el equipo de protección individual.

12. a) La probabilidad de que se produzca.

13. b) 50.

14. a) La evaluación de riesgos y la planificación de la actividad preventiva.

15. a) Deberá realizarse en caso de imposibilidad de adaptación del propio puesto.

SUPUESTOS PRÁCTICOS DE OFIMÁTICA

Según las bases de la Convocatoria publicada en el BOCYL núm. 7 de 13 de enero de 2026, el segundo bloque del ejercicio de la oposición constará de veinte preguntas que se formularán sobre uno o varios supuestos prácticos, en que los aspirantes pongan de manifiesto el conocimiento y manejo de paquetes ofimáticos en entorno Office 365: procesador de textos Word y hoja de cálculo Excel.

En este libro ofrecemos algunos supuestos para poder entrenarte eficazmente en este tipo de prueba y en MADTEST encontrarás más.

SUPUESTO N.º 1

Tenemos un documento de Excel 365 con un valor numérico que vemos en la imagen siguiente en la celda **B3**.

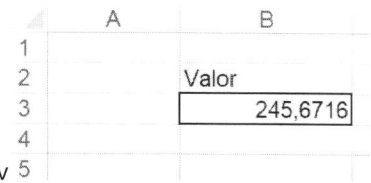

1. ¿Cuál será el resultado de realizar en la celda B4 , la siguiente formula sin las comillas, "=REDONDEAR(B3;3)" ?

a) 245,671
b) 246,672
c) 246,671
d) 245,672

2. Siguiendo con el mismo planteamiento, ¿cuál será el resultado de realizar en la celda B5, la siguiente formula sin las comillas, "=REDONDEAR(B3;-3)"?

a) 0
b) 245
c) #¡NUM!
d) 245,672

3. Siguiendo con el mismo planteamiento, ¿cuál será el resultado de realizar en la celda B6, la siguiente formula sin las comillas, "=REDONDEAR(B3;-2)"?

a) 200
b) 245
c) #¡NUM!
d) 245,68

4. ¿Cuál sería el resultado de aplicar la fórmula "=REDONDEAR(B3;-1)" en la celda B15 tomando como referencia el valor de la imagen?

a) 240
b) 245

c) 250
d) 260

5. Siguiendo con el mismo planteamiento, ¿cuál será el resultado de realizar en la celda B7, la siguiente formula sin las comillas, "=REDONDEAR(B3;0)*2" y luego aplicarle a la celda un formato de 2 decimales?

a) 491,34
b) 491,40
c) 492,00
d) 492,34

6. Siguiendo con el mismo planteamiento, ¿cuál será el resultado de realizar en la celda B8, la siguiente formula sin las comillas, "=TRUNCAR(B3;2)" ?

a) 245,00
b) Dará error "Demasiados argumentos"
c) 245,67
d) 246

7. Siguiendo con el mismo planteamiento, ¿cuál será el resultado de realizar en la celda B9, la siguiente formula sin las comillas, "=TRUNCAR(B3)"?

a) 245
b) Dará error "muy pocos argumentos"
c) 246
d) #¡NUM!

8. ¿Qué valor devolvería la función "=TRUNCAR(B3;1)" si se ejecutara sobre la celda B3 mostrada anteriormente?

a) 245,7
b) 245,0
c) 246,6
d) 245,6

9. Siguiendo con el mismo planteamiento, ¿cuál será el resultado de realizar en la celda B10, la siguiente formula sin las comillas, "=ENTERO(B3;2)" ?

a) 245,00
b) Dará error "Demasiados argumentos"
c) 245
d) 246

10. Siguiendo con el mismo planteamiento, ¿cuál será el resultado de realizar en la celda B11, la siguiente formula sin las comillas, "=ENTERO (B3)" ?

a) 245
b) Dará error "muy pocos argumentos"

c) 246

d) #¡NUM!

11. Siguiendo con el mismo planteamiento, ¿cuál será el resultado de realizar en la celda B12, la siguiente formula sin las comillas, "=REDONDEAR.MAS(B3;3)" ?

a) 246

b) No existe esa función.

c) 245,671

d) 245,672

12. Siguiendo con el mismo planteamiento, ¿cuál será el resultado de realizar en la celda B13, la siguiente formula sin las comillas, ? "=REDONDEAR.MENOS(B3;3)"

a) 246

b) No existe esa función.

c) 245,671

d) 245,672

13. Siguiendo con el mismo planteamiento, ¿cuál será el resultado de realizar en la celda B14, la siguiente formula sin las comillas, "=REDONDEAR.PAR(B3)" ?

a) 246

b) No existe esa función.

c) 245,6

d) 245,672

Tenemos un documento de Word 365 con el aspecto que vemos en la siguiente imagen:

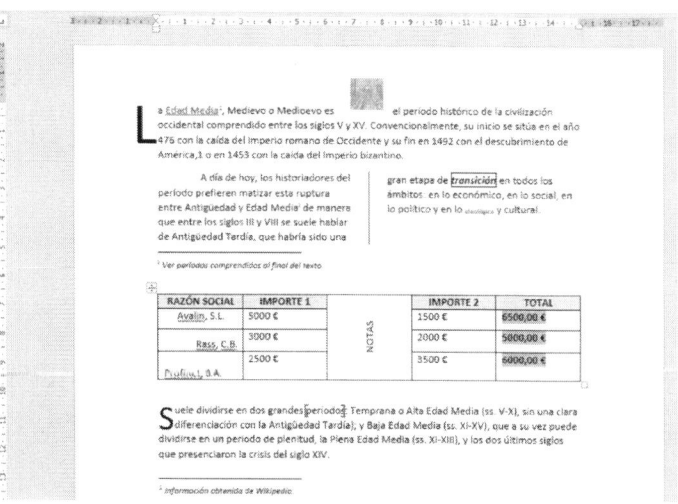

14. Si observamos las cifras que aparecen en la última columna de la tabla, ¿qué podemos decir de ellas?

a) No se puede saber, mirando la imagen solamente.

b) Escribiendo las cantidades manualmente.

c) Insertando la función SUM.

d) Insertando la función SUMA.

15. Si en una tabla de Word insertamos la función "=COUNT(ABOVE)" sobre una columna que contiene texto, ¿qué comportamiento advierte el manual que puede ocurrir?

a) El sistema dará un error de valor #¡VALOR!

b) El sistema ignorará todas las celdas automáticamente.

c) El sistema solo contará las celdas que tengan números.

d) El sistema puede considerar el encabezado como un valor más a contar.

16. Siguiendo con las mismas cantidades, ¿qué podemos decir de su alineación?

a) Alineación arria en el centro.

b) Alineación abajo en el centro.

c) Alineación arriba a la izquierda.

d) Alineación en el centro a la izquierda.

17. ¿Qué celdas se han combinado en la en la tabla que vemos en la imagen?

a) Todas las celdas de la primera fila.

b) No se observan celdas combinadas en la tabla.

c) Todas las celdas de la última fila.

d) Todas las celdas de la tercera columna.

18. Observando la palabra "NOTAS" que aparece en la tabla de la imagen, ¿cómo se ha logrado que aparezca de forma vertical?

a) Usando la opción dirección del texto, que está en el grupo alineación que nos permite que el texto se dirija hacia arriba o hacia abajo o en posición horizontal.

b) A través de la opción ordenar que tenemos en el grupo datos que nos permite que el texto se dirija hacia arriba o hacia abajo o en posición horizontal.

c) A través de la opción dirección del texto del grupo presentación que permite que el texto se dirija hacia arriba o hacia abajo.

d) A través de la opción ordenar del grupo datos que permite que el texto se dirija hacia arriba o hacia abajo.

19. Siguiendo con la tabla, cuantas filas y columnas tiene:

a) 4 columnas y 5 filas.
b) 5 columnas y 4 filas.
c) 4 columnas y 3 filas.
d) 4 filas y 4 columnas.

20. Observando la palabra "transición" que vemos en el segundo párrafo del documento de la imagen, que podemos decir de los formatos que se le han aplicado:

a) Borde aplicado a texto.
b) Borde aplicado a párrafo.
c) Cursiva y borde aplicado a texto.
d) Cursiva y borde aplicado a párrafo.

21. Al activar la herramienta "Mostrar todo" (¶) en Word, ¿qué símbolo visual representa los espacios entre las palabras?

a) Un punto.
b) Una coma.
c) Una flecha.
d) Un guion.

22. ¿Podemos saber el margen superior del documento de la imagen?

a) 2 cm.
b) 3 cm.
c) 2,5 cm.
d) 3,5 cm.

23. Observando la palabra "ideológico" que vemos en el segundo párrafo del documento de la imagen, ¿qué podemos decir del efecto que se le ha aplicado?

a) Versalitas.
b) Mayúsculas.
c) Subíndice.
d) Superíndice.

24. ¿Cuántas letras capitales se han insertado en el texto de la imagen anterior?

a) El primer párrafo tiene una letra capital en margen y el ultimo párrafo una letra capital en texto.
b) El primer párrafo tiene una letra capital en texto y el último párrafo una letra capital en margen.

c) Tiene dos letras capitales y ambas son en texto.
d) Tiene dos letras capitales y ambas son en margen.

25. En la pestaña Insertar de Word 365, ¿dentro de qué grupo específico se encuentra la funcionalidad para añadir una "Letra capital"?

a) Ilustraciones.
b) Texto.
c) Vínculos.
d) Símbolos.

Preguntas de reserva

26. ¿Qué párrafo del documento tiene alineación justificada a la vista de la imagen?

a) El segundo.
b) El primero.
c) El ultimo.
d) Ninguno la tiene.

27. Considerando las opciones predeterminadas de Word, ¿qué tipos de notas al pie se pueden observan en el texto de la imagen?

a) Una nota al pie, por debajo de la selección, aplicado en el primer párrafo y una notal al final de la sección, en el segundo párrafo.
b) Tanto en el primero como en el segundo párrafo, se han aplicado dos notas al pie, por debajo de la selección.
c) Una nota al final de la sección, en el primer párrafo y una nota al pie, por debajo de la selección en el segundo párrafo.
d) Se han aplicado dos notas al final de la sección, en el primer y segundo párrafos.

Solución al supuesto n.º 1

1. d) 245,672

2. a) 0

3. a) 200

4. c) 250

5. c) 492,00

6. c) 245,67

7. a) 245

8. d) 245,6

9. b) Dará error "Demasiados argumentos"

10. a) 245

11. d) 245,672

12. c) 245,671

13. b) No existe esa función.

14. c) Insertando la función SUM.

15. d) El sistema puede considerar el encabezado como un valor más a contar.

16. c) Alineación arriba a la izquierda.

17. d) Todas las celdas de la tercera columna.

18. a) Usando la opción dirección del texto, que está en el grupo alineación que nos permite que el texto se dirija hacia arriba o hacia abajo o en posición horizontal.

19. b) 5 columnas y 4 filas.

20. c) Cursiva y borde aplicado a texto.

21. a) Un punto.

22. a) 2 cm.

23. c) Subíndice.

24. a) El primer párrafo tiene una letra capital en margen y el ultimo párrafo una letra capital en texto.

25. b) Texto.

Preguntas de reserva

26. d) Ninguno la tiene.

27. a) Una nota al pie, por debajo de la selección, aplicado en el primer párrafo y una notal al final de la sección, en el segundo párrafo.

SUPUESTO N.º 2

Tenemos un documento de Excel 365 con los siguientes datos que vemos en la imagen siguiente:

	A	B Enero	C Febrero	D Marzo	E Abril	F TOTAL
1		Enero	Febrero	Marzo	Abril	TOTAL
2	1 semana	10	7	30	50	97
3	2 semana	20	5	4	7	36
4	3 semana	30	3	100	25	158
5	4 semana	40	SIN DATOS	196	43	279
6	5 semana	50	10	292	61	413
7	TOTAL	150	25	622	186	983

1. Suponiendo que hemos escrito el valor "1 semana" en la celda A2, sin las comillas, y lo copiamos hacia abajo hasta la celda A6, ¿qué valor aparecerá en la celda A3?

a) 1 semana
b) 1 semana2
c) 2 semana
d) 1 semana1

2. Suponiendo que hemos escrito "10" en la celda B2 sin las comillas, y lo copiamos hacia abajo hasta la celda B6, ¿qué valor aparecerá en la celda B3?

a) 10
b) 11
c) 20
d) 101

3. Queremos obtener, en la celda A10 a través de una formula la cantidad de celdas de la tabla anterior sin contar los totales, que son mayores de 75 y menores de 200:

a) =CONTAR.SI(B2:E6;">75";B2:E6;"<200")
b) =CONTAR.SI.CONJUNTO(B2:E6;">75";"<200")
c) =CONTAR.SI.CONJUNTO(B2:E6;">75";B2:E6;"<200")
d) =CONTAR.SI(B2:E6;">75")+CONTAR.SI(B2:E6;"<200")

4. Si en la tabla anterior, en el rango de datos sin contar los títulos y los totales, quisiéramos saber las celdas que no contienen números (Solo será actualmente la C6, "SIN DATOS"), ¿qué formula podríamos usar para lograrlo?

a) = CONTAR.BLANCO(B2:E6).
b) =CONTARA(B2:E6)-CONTAR(B2:E6).
c) =CONTAR.SI (B2:E6;"<>""").
d) No podemos obtener esa información.

5. Si en la tabla anterior queremos sumar las cantidades de las celdas correspondientes a enero y marzo, ¿qué formula podemos usar?

a) =SUMA(B2:B6;D2:D6).
b) =SUMA(B2;B6:D2;D6).
c) =SUMA(B2:B6+D2:D6).
d) Las opciones a) y c) son válidas.

6. Si queremos SUMAR las celdas TOTALES de la tabla anterior que tengan un valor superior a 400, ¿qué formula podemos usar?

a) =SUMAR.SI(B7:F7;">400")+SUMAR.SI(F2:F6;">400")
b) =SUMAR.SI(B7:F7;">400;F2:F6;">400")
c) =SUMAR.SI(B7:F7; F2:F6;">400")
d) =SUMAR.SI(B7:F7;">400")+SUMAR.SI(F2:F7;">400")

7. Siguiendo con la misma tabla anterior, la siguiente formula sin las comillas, "=MODA(A1;F7)" ¿qué valor dará?

a) semana
b) 10
c) #¡NUM!
d) 7,5

8. Siguiendo con el mismo planteamiento, si queremos calcular la MEDIA ARITMÉTICA, de los valores de Febrero, sin tener en cuenta su TOTAL, ¿qué fórmula usaremos?

a) =SUMA(C2:C6)/5
b) =MEDIA(C2:C6)
c) =MEDIA.ARITMETICA(C2:C6)
d) =PROMEDIO(C2:C6)

9. Si queremos SUMAR las celdas TOTALES de Enero a Abril, de la tabla anterior que tengan un valor superior al promedio de esos totales, ¿qué fórmula podremos usar?

a) =SUMAR.SI(B7:F7;">PROMEDIO(B7:F7)")
b) =SUMAR.SI(B7:F7;>"PROMEDIO(B7:F7))
c) =SUMAR.SI(B7:F7;>PROMEDIO(B7:F7))
d) =SUMAR.SI(B7:F7;">"&PROMEDIO(B7:F7))

10. Suponiendo que hemos escrito "10" en la celda B2 sin las comillas, y queremos que al copiarlo a la celda B3, pusiera el "20" sin comillas, ¿cómo podríamos conseguirlo?

a) No hay forma de lograrlo.

b) Si previamente se ha copiado el 10 a esa celda. Al pegarlo como valores con la operación de sumar.

c) Copiando con la tecla CONTROL activada.

d) Copiando con la tecla MAYUS. activada.

Tenemos un documento de Word 365 con el aspecto que vemos en la siguiente imagen:

El vídeo proporciona una manera eficaz para ayudarle a demostrar el punto. Cuando haga clic en Vídeo en línea, puede pegar el código para insertar del vídeo que desea agregar. También puede escribir una palabra clave para buscar en línea el vídeo que mejor se adapte a su documento.

Los temas y estilos también ayudan a mant... su documento coordinado. Cuando haga clic en Diseño y seleccione un tema nuevo... las imágenes, gráficos y gráficos SmartArt para que coincidan con el nuevo tema... estilos, los títulos cambian para coincidir con el nuevo tema.

Ahorre tiempo en Word... tones que s... onde se necesiten. Para cambiar la forma en que s... imagen en el..., haga clic y aparecerá un botón de opciones de diseño junto a la imagen. Cuando trabaje en una tabla, haga clic donde desee agregar una fila o columna... tinuació... clic en el signo más.

La lectura es más fácil, tambié... . Puede contraer partes del documento y centrarse en el te... ee. ... etener la lectura antes de llegar al final, Word le recordará dónde dejo la lectura, incluso en otros dispositivos.

(Círculos con texto: Mail admisión, Documentos, Acceso UACloud, Matrícula, Sobre virtual)

11. El tipo de objeto que se muestra en la captura de pantalla, compuesto de cinco círculos y cinco flechas, ¿qué es?

a) SmartArt.

b) Un gráfico.

c) Una forma.

d) Un WordArt.

12. ¿Qué tipo de ajuste de texto tiene el objeto de la imagen a que se refiere la pregunta anterior?

a) Delante del texto.

b) Detrás del texto.

c) En línea con el texto.

d) Arriba y abajo.

13. Si queremos activar una opción en Word para poder seleccionar fácilmente los objetos como el que vemos en la imagen anterior, ¿dónde tendremos esta opción?

a) Inicio / Búsqueda / Seleccionar / Seleccionar objeto.
b) Inicio / Edición / Seleccionar objetos.
c) Inicio / Edición / Seleccionar / Seleccionar objetos.
d) Inicio / Búsqueda / Seleccionar / Seleccionar objetos.

14. ¿Qué alineación tienen los párrafos de la imagen anterior?

a) Izquierda.
b) Distribuida.
c) Justificada.
d) Justificado.

15. Al iniciar un documento en blanco en Word 365, ¿en qué estilo y plantilla se basa el texto de forma predeterminada?

a) Estilo Básico y plantilla Normal.dotx.
b) Estilo Normal y plantilla Normal.dotm.
c) Estilo Estándar y plantilla Normal.dotm.
d) Estilo Normal y plantilla Global.dotx.

16. ¿Qué combinación de teclas se puede haber usado para lograr dicha alineación?

a) Control + L
b) Control + T
c) Control + J
d) Control + Q

17. ¿Qué símbolo visual representa las tabulaciones dentro de un documento de Word al activar la herramienta "Mostrar todo" (¶)?

a) Flechas hacia la derecha.
b) Flechas hacia la izquierda.
c) Puntos centrados entre palabras.
d) Pequeños cuadrados negros.

18. Si queremos seleccionar el párrafo que empieza por "Los temas..." ¿cómo podemos proceder?

a) Tres clics en su interior.
b) Dos clics en el margen izquierdo de cualquier línea del párrafo.
c) Aprovechando que está situado el cursor al inicio de ese párrafo, clic con la tecla Mayus. pulsada al final del párrafo.
d) Todas son correctas.

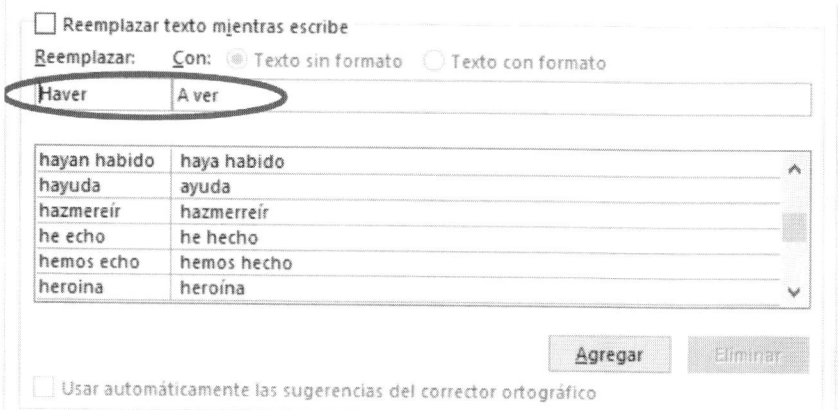

19. En base a la imagen superior, si agregamos una entrada que solemos escribir incorrectamente para que la reemplace con la palabra correcta, en las opciones de Autocorrección de Word:

a) Cuando escribamos "Haver" lo reemplazará por "A ver", dependiendo del contexto en el que se escriba.

b) No hará nada porque está desactivada la casilla de "reemplazar texto mientras escribe".

c) Sustituirá "Haver" por "A ver" siempre.

d) Ninguna es correcta.

20. Si queremos activar la opción de la pregunta anterior, ¿dónde podemos localizarla en nuestra versión de Word?

a) Opciones de Word / Revisar / Autocorrección

b) Opciones de Word / Revisión / Autocorrección

c) Opciones de Word / Revisión / Opciones de Autocorrección

d) Opciones de Word / Revisar / Opciones de Autocorrección

21. Siguiendo con la revisión de un documento, dentro del grupo "Revisión" de la pestaña "Revisar", tenemos la opción de Contar palabras. ¿Cuál de las siguientes opciones no puede activarse como opción extra para incluir en el conteo?

a) Cuadros de texto.

b) Notas al pie.

c) Tabulaciones.

d) Notas al final.

22. En la misma ventana de la que hablamos en la pregunta anterior, ¿cuál de las siguientes opciones no aparece en las estadísticas que nos muestra?

a) Líneas.

b) Secciones.

c) Caracteres (sin espacios).
d) Caracteres (con espacios).

23. Dentro de las funciones lógicas de Excel, ¿cuál es la que devuelve VERDADERO si al menos una de las condiciones especificadas se cumple?

a) Función SI.
b) Función Y.
c) Función O.
d) Función SI.ERROR.

24. Si en una celda de Excel tenemos la referencia mixta "A$7" y la copiamos una posición hacia la derecha, ¿en qué valor se convertirá dicha referencia?

a) B7
b) A8
c) A7
d) B7

25. Si la situación de la pregunta anterior, que sucede si lo copiamos una posición hacia arriba, ¿en qué valor se convertirá dicha referencia?

a) B7
b) A8
c) A7
d) B7

Preguntas de reserva

26. ¿Qué valor obtendremos si introducimos la siguiente secuencia de valores,operadores, sin las comillas "=8+2*3/3-5*2^2"?

a) 10.
b) -10.
c) 12.
d) 100.

27. ¿Qué valor obtendremos si hacemos una pequeña modificación a la secuencia de valores, operadores, de la pregunta anterior, añadiendo unos paréntesis, sin las comillas "=(8+2)*3/3-5*2^2" ?

a) 10.
b) -10.
c) 12.
d) 100.

Solución al supuesto n.º 2

1. c) 2 semana

2. a) 10

3. c) =CONTAR.SI.CONJUNTO(B2:E6;">75";B2:E6;"<200")

4. b) =CONTARA(B2:E6)-CONTAR(B2:E6)

5. d) Las opciones a) y c) son válidas.

6. a) =SUMAR.SI(B7:F7;">400")+SUMAR.SI(F2:F6;">400")

7. b) 10

8. d) =PROMEDIO(C2:C6)

9. d) =SUMAR.SI(B7:F7;">"&PROMEDIO(B7:F7))

10. b) Si previamente se ha copiado el 10 a esa celda. Al pegarlo como valores con la operación de sumar.

11. a) SmartArt.

12. a) Delante del texto.

13. c) Inicio / Edición / Seleccionar / Seleccionar objetos.

14. a) Izquierda.

15. b) Estilo Normal y plantilla Normal.dotm.

16. d) Control + Q

17. a) Flechas hacia la derecha.

18. d) Todas son correctas.

19. b) No hará nada porque está desactivada la casilla de "reemplazar texto mientras escribe".

20. c) Opciones de Word / Revisión / Opciones de Autocorrección.

21. c) Tabulaciones.

22. b) Secciones.

23. c) Función O.

24. d) B7

25. c) A7

Preguntas de reserva

26. b) -10.

27. b) -10.

SUPUESTO N.º 3

Tenemos un documento de Excel 365, en una hoja "**Precios**", tenemos los siguientes datos que vemos en la imagen.

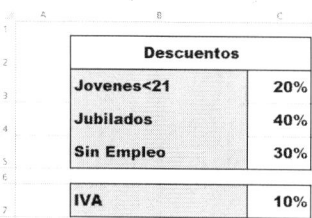

Descuentos	
Jovenes<21	20%
Jubilados	40%
Sin Empleo	30%
IVA	10%

Luego hay una hoja "**Datos**", con el siguiente aspecto, en el que las celdas amarillas se han calculado con formulas:

Nº de Autobus	Ruta	Ciud.Salida	Ciud.Llegada	Importe	Pasajeros	Jovenes	Jubilados	Sin_Empleo	Recaud. Sin IVA	Recaud.Con IVA
Linea1	1	A Coruña	Madrid	10,50 €	25	2	1	1	250,95 €	276,05 €
Linea2	2	A Coruña	Sevilla	19,25 €	45	0	0	0	866,25 €	952,88 €
Linea3	3	Ferrol	Vigo	8,00 €	55	4	1	1	428,00 €	470,80 €
Linea4	1	A Coruña	Madrid	10,50 €	38	5	2	0	380,10 €	418,11 €
Linea5	2	A Coruña	Sevilla	19,25 €	55	0	0	1	1.052,98 €	1.158,27 €
Linea6	3	Ferrol	Vigo	8,00 €	60	0	0	2	475,20 €	522,72 €
Linea7	1	A Coruña	Madrid	10,50 €	40	1	1	2	407,40 €	448,14 €
Linea8	2	A Coruña	Sevilla	19,25 €	40	0	0	1	764,23 €	840,65 €
Linea9	3	Ferrol	Vigo	8,00 €	35	4	1	0	270,40 €	297,44 €

Recaudación SIN IVA:

- El número de pasajeros es el total de personas que entran en el autobús ese día. Esos pagarán el importe que tenga establecida esa línea (Columna E).

- El número de Jóvenes serán las personas que habrán tenido el 20% de descuento (Hoja Precios) sobre el precio del viaje.

- El número de Jubilados serán las personas que habrán tenido el 40% de descuento (Hoja Precios) sobre el precio del viaje.

- El número de Desempleados serán las personas que habrán tenido el 30% de descuento (Hoja Precios) sobre el precio del viaje.

Recaudación CON IVA:

- Es aumentar el 10% (Hoja Precios, IVA) al precio SIN IVA.

1. ¿Cuál de las siguientes formulas valdría para calcular el campo de "Recaudación CON IVA" en la celda K3?

a) =J3*Precios!$C7+1
b) =J3*(1+Precios!$C7)
c) =J3*(1+Precios!$C$7)
d) =J3*Precios!$C$7+1

2. ¿Cuál de las siguientes formulas valdría para calcular el campo de "Recaudación SIN IVA" en la celda J3?

a) =E3*F3-G3*E3*Precios!$C$3-H3*E3*Precios!$C$4-I3*E3*Precios!$C$5
b) =E3*F3+G3*E3*Precios!$C$3-H3*E3*Precios!$C$4-I3*E3*Precios!$C$5
c) =E3*G3-F3*E3*Precios!$C$3-H3*F3*Precios!$C$4-I3*G3*Precios!$C$5
d) Ninguna es válida.

3. Si suponemos que el precio SIN IVA no diferenciara por el tipo de pasajero y no hubiera descuentos, al calcular la formula en la celda J3, podría ser:

a) =E3*F3-G3*E3-H3*E3-I3*E3
b) =SUMA(F3:I3)*E3
c) =E3*F3
d) =SUMA(G3:I3)*(E3+F3)

4. ¿Qué resultado devolvería la función "=REDONDEAR(E3;0)" aplicada sobre el precio de la línea 1 (10,50 €) de la hoja Datos?

a) 11,00 €
b) 10,50 €
c) 11 €
d) 10 €

5. Si queremos sumar las celdas que tienen porcentajes de la hoja "Precios", en la celda C15 de la hoja "Datos", ¿qué formula podemos usar?

a) =SUMA(C3:C5;C7)
b) =SUMA(Precios!C3:C5;Precios!C7)
c) =SUMA(Precios!C3:C5;C7)
d) =SUMA(C3:C5;Precios!C7)

6. Una vez hecha la fórmula correcta de la pregunta anterior, ¿qué valor obtendríamos?

a) 0,1
b) 100
c) 0,01
d) 1

7. Si queremos calcular el máximo común divisor de los valores del número de pasajeros de la columna F , en la celda F20 de esa misma hoja, la fórmula para usar sería:

a) =MCD(F3:F11)
b) =M.C.D(F3:F11)
c) =SUMA(F3:F11)/CONTAR(F$3:F$11)
d) =SUMA(F3:F11)/CONTAR(F3:F11)

8. Si queremos calcular el total de las recaudaciones SIN IVA de las líneas que salen de "A Coruña", en la celda F21 de esa misma hoja, la fórmula para usar sería:

a) =SUMAR.SI(J3:J11;C3:C11;"A CORUÑA")
b) =SUMAR.SI(C3:C11;J3:J11;"A CORUÑA")
c) =SUMAR.SI(C3:C11;"A CORUÑA";J3:J11)
d) Ninguna fórmula es válida.

9. En la columna M, de la hoja "Datos" queremos obtener tantos asteriscos como la longitud del nombre de la ciudad de llegada, por ejemplo para la línea 1, el resultado sin comillas sería "****", ¿qué formula podríamos usar?**

a) =REPETIR("*";LONGITUD(D3))
b) =REPETIR("*";LARGO(D3))
c) =REPETIR(LONGITUD(D3);"*")
d) =REPETIR(LARGO(D3);"*")

10. En la columna L, de la hoja "Datos" queremos obtener un código que para la línea 1, tendría el siguiente resultado "11AM" , que sería el número de línea, el número de ruta, la primera letra de la ciudad de salida, y la primera letra de la ciudad de llegada:

a) =DERECHA(A3)&B3&IZQUIERDA(C3)&IZQUIERDA(D3)
b) =DERECHA(A3)&EXTRAE(B3;1;0)&IZQUIERDA(C3)&IZQUIERDA(D3)
c) =DERECHA(A3)&EXTRAE(B3;0;1)&IZQUIERDA(C3)&IZQUIERDA(D3)
d) Ninguna daría el resultado esperado, sería necesario usar la función CONCATENAR

11. Queremos obtener en la celda C20 de la hoja datos el total de líneas que llegan a Madrid y Vigo, ¿qué formula es correcta?

a) =CONTAR.SI(D3:D11;"Madrid";"Vigo")
b) =CONTAR.SI.CONJUNTO(D3:D11;"Madrid;D3:D11;"Vigo")
c) =CONTAR.SI(D3:D11;"Madrid")+CONTAR.SI(D3:D11;"Vigo")
d) =CONTAR.SI.CONJUNTO(D3:D11;"Madrid";"Vigo")

12. Atendiendo a la hoja Datos, ¿qué resultado devolvería la función "=EXTRAE(D3;3;2)" aplicada sobre la ciudad de llegada de la línea 1 (Madrid)?

a) ad
b) dr
c) ri
d) id

13. En la columna O, de la hoja "Datos" queremos obtener un LITERAL que tendrá las siguientes opciones:
– "LLENO" si llevó 60 pasajeros, asumiendo que es la capacidad máxima
– "NIVEL2" Si llevo 40 o más pasajeros"
– "NIVEL1" en otro caso, suponiendo que siempre habrá pasajeros en las líneas
Una posible formula sería;

a) =SI(F3>=40;"NIVEL1";SI(F3<60;"LLENO";"NIVEL2"))
b) =SI(F3>=40;SI(F3<60;"LLENO";"NIVEL2");"NIVEL1")
c) =SI(F3>=40;"NIVEL1";SI(F3=60;"LLENO";"NIVEL2"))
d) =SI(F3<40;"NIVEL1";SI(F3<60;"NIVEL2";"LLENO"))

14. Si en la celda O3 de la hoja Datos usamos la función "=SI.CONJUNTO(F3=60; "LLENO";F3>=40;"NIVEL2";F3<40;"NIVEL1")", ¿qué valor devolverá si el número de pasajeros es exactamente 60?

a) LLENO.
b) NIVEL2.
c) NIVEL1.
d) Dará un error de sintaxis por tener demasiados argumentos.

Tenemos un documento de Word 365 con el aspecto que vemos en la siguiente imagen.
Los números y flechas del margen derecho son externos al documento y son para poder numerar los párrafos para las siguientes preguntas del TEST:

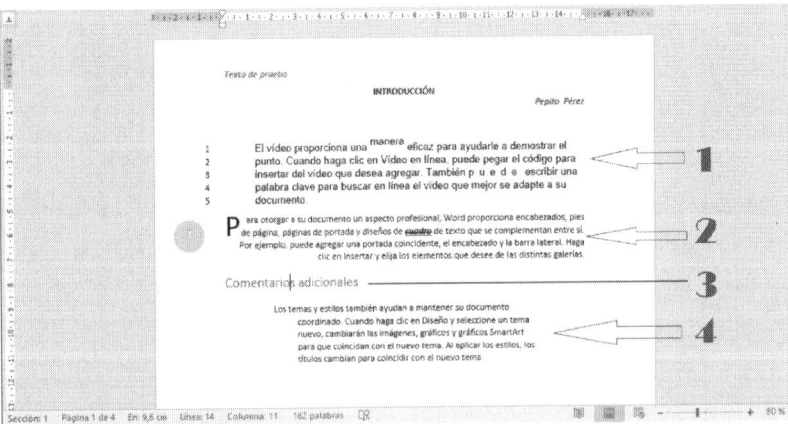

15. ¿En qué modo de Vista se muestra el documento que aparece en la imagen?

a) Normal.
b) Diseño de impresión.
c) Diseño web.
d) Borrador.

16. ¿Qué ocurriría si hicieses un clic con el botón izquierdo del ratón bajo el cm. 5 de la regla horizontal?

a) Se mostraría el cuadro de diálogo de "Configurar página".
b) Que la distancia del margen izquierdo se situaría en 5 cm.
c) Se aplicaría una tabulación izquierda en el cm 5.
d) Se aplicaría una tabulación centrada en el cm 5.

17. Para visualizar la regla horizontal que aparece sobre el documento en la imagen anterior, ¿en qué pestaña y grupo de Word debemos activar la casilla "Regla"?

a) Pestaña Diseño, grupo Formato del documento.
b) Pestaña Vista, grupo Mostrar.
c) Pestaña Disposición, grupo Configurar página.
d) Pestaña Vista, grupo Movimiento de página.

18. El primer párrafo tiene insertados números de línea. ¿Dónde podemos encontrar esta opción en Word?

a) En el grupo Configurar página, de la pestaña de Disposición.
b) Haciendo doble clic con el botón izquierdo del ratón en la regla horizontal.
c) Haciendo doble clic con el botón izquierdo del ratón en la regla vertical.
d) Todas las opciones son correctas.

19. ¿Cuántas páginas tiene el documento que aparece en la imagen?

a) Cuatro páginas.
b) Seis páginas.
c) Una página.
d) No se puede saber con la información que consta en la imagen.

20. Continuando con el párrafo número 2, ¿qué formatos se han aplicado en el término "cuadro"?

a) Negrita, cursiva, resaltado y subrayado.
b) Tachado, subrayado y cursiva.
c) Subrayado, negrita, tachado y cursiva.
d) Cursiva, negrita y resaltado.

21. La primera letra del párrafo número 2 tiene un tamaño distinto al del resto del párrafo. ¿Cómo se ha logrado este efecto?

a) Insertando una letra capital, con la posición en el texto y que ocupa tres líneas.
b) Insertando una letra capital, con la posición en el margen, que ocupa tres líneas.
c) Aplicando el efecto subíndice, por lo que se muestra desplazada hacia abajo.
d) Insertando una letra capital, con la posición en el texto y que ocupa dos líneas.

22. En el párrafo número 2, aparece insertado en el lado izquierdo el número de página. ¿Qué opciones de ubicación nos ofrece Word para insertar los números de página?

a) Principio de página, final de página, márgenes de página y posición actual.
b) Principio de página y final de página.
c) Principio de página, final de página y posición actual.
d) En los márgenes de página y en la posición actual.

23. ¿Cómo se ha logrado el efecto que aparece en la palabra "manera" del párrafo número 1?

a) Aplicando al texto la opción de Posición elevada, en el grupo Fuente.
b) Estableciendo un porcentaje de Escala mayor, en el grupo fuente.
c) Mediante el efecto de Subíndice, del grupo Fuente, sobre dicho término.
d) Activando la opción de Versalitas, en el grupo Fuente.

24. ¿Qué alineación y sangría se han aplicado en el párrafo numerado como 4?

a) Alineación izquierda, sangría francesa y sangrías derecha e izquierda.
b) Alineación izquierda, sangría francesa y sangría izquierda.
c) Alineación izquierda, sangría de primera línea y sangría izquierda.
d) Alineación centrada, sangría francesa y sangrías izquierda y derecha.

25. Dentro de qué grupo de la pestaña Insertar se encuentra la herramienta utilizada para crear la "Letra capital"?

a) Grupo Símbolos.
b) Grupo Texto.
c) Grupo Ilustraciones.
d) Grupo Formato.

Preguntas de reserva

26. Si en la celda A30, de la hoja "Datos", introducimos la siguiente formula sin comillas "=SI(O(Y(B3<3;F3>=20);I3<>0);"Tipo1";"Tipo2")", ¿qué resultado obtenemos?

a) Tipo2.
b) FALSO.
c) Tipo1.
d) VERDADERO.

27. Si en la celda A31, de la hoja "Datos", introducimos la siguiente formula sin comillas =ALEATORIO()*F3", ¿qué resultado obtenemos?

a) Valor entero entre 0 y 25.
b) Error por falta de parámetros.
c) Error por exceso de parámetros.
d) Valor decimal entre el 0 y 25.

Solución al supuesto n.º 3

1. c) =J3*(1+Precios!$C$7)

2. a) =E3*F3-G3*E3*Precios!$C$3-H3*E3*Precios!$C$4-I3*E3*Precios!$C$5

3. c) =E3*F3

4. a) 11,00 €

5. b) =SUMA(Precios!C3:C5;Precios!C7)

6. d) 1

7. b) =M.C.D(F3:F11)

8. c) =SUMAR.SI(C3:C11;"A CORUÑA";J3:J11)

9. b) =REPETIR("*";LARGO(D3))

10. a) =DERECHA(A3)&B3&IZQUIERDA(C3)&IZQUIERDA(D3)

11. c) =CONTAR.SI(D3:D11;"Madrid")+CONTAR.SI(D3:D11;"Vigo")

12. b) dr

13. d) =SI(F3<40;"NIVEL1";SI(F3<60;"NIVEL2";"LLENO"))

14. a) LLENO.

15. b) Diseño de impresión.

16. d) Se aplicaría una tabulación centrada en el cm 5.

17. b) Pestaña Vista, grupo Mostrar.

18. d) Todas las opciones son correctas.

19. a) Cuatro páginas.

20. c) Subrayado, negrita, tachado y cursiva.

21. d) Insertando una letra capital, con la posición en el texto y que ocupa dos líneas.

22. a) Principio de página, final de página, márgenes de página y posición actual.

23. a) Aplicando al texto la opción de Posición elevada, en el grupo Fuente.

24. a) Alineación izquierda, sangría francesa y sangrías derecha e izquierda.

25. b) Grupo Texto.

Preguntas de reserva

26. c) Tipo1.

27. d) Valor decimal entre el 0 y 25.

Cómo acceder al Curso

Cuerpo Auxiliar de la Administración
Test y supuestos prácticos de Ofimática

El uso de los códigos **es exclusivo de los compradores de los productos de Editorial MAD**. Cada producto posee un código único y de un solo uso. Es personal e intransferible y da acceso a servicios y contenidos adicionales. Editorial MAD se reserva el derecho de hacer cuantas comprobaciones sean necesarias para identificar al legítimo poseedor del código y dejar de dar servicio a quien haga uso fraudulento del mismo, además de emprender cuantas acciones legales estime oportunas según la legislación vigente.

Deberás acceder a:

mad.es/registro-campus

Si una vez aceptadas las condiciones de uso del Campus decides hacer uso del mismo, necesitarás del siguiente código de acceso junto con los códigos del resto de títulos que se exigen (si fuera el caso):

3F4BT9H6VJ